ドイツの地方都市はなぜ元気なのか

小さな街の輝くクオリティ

学芸出版社

Der Qualität „m“einer Stadt auf der Spur

ドイツ在住ジャーナリスト
高松平藏
Heizo Takamatsu

はじめに

◈都市とはどうあるべきか

地方の都市は、誰のために、何のために、どうあるべきか。

本書はこの問いに私なりの答えを提示するのが目的である。〝自治〟体という言葉がある限り、実はそんな問題意識は街の中に常にあるはずだが、近年の日本では地方分権やまちづくりといった、いくつかの課題と関連するかたちで問われているテーマである。「地方分権」という言葉に引っかけると、ドイツは連邦制で歴史的に地方分権であり、いいかえれば独立した地方の集まりといってもいい。禅問答のような言い方をすれば、各都市が「独立した都市」であり続けなければ連邦制が成り立たないともいえる。それから都市がどうあるべきかという問いをもっと抽象化すると、社会のあり方とか、あるべき市民社会とは何かといったことを問うことになってくる。

答えを提示するためには具体例があった方がよい。そのためにドイツのエアランゲン市を中心に、周辺の地域のことを取材した。同市はドイツ南部のバイエルン州にある人口10万人ばかりの小さな街だが、独自の経済戦略を展開し、文化的にもさまざまな動きがある。「強さ」と「楽しさ」が揃った街といえようか。そして私自身が家族とともに住む街でもある。個人的な出自からいえば私は「関西系エアランゲン市民」で、市民としてはそれなりに問題を感じることもあるし、不満もある。それにしても、継続的に取材や観察をしていると、街の独立性が高く、人々にとって街は自分たちの公共空間であるという了解も浸透していることがわかる。そして「都市とはどうあるべきか」という問いに対して、「循環系」「市民社会」という二つのキーワードが導きだせる。

◈複数の循環系と文化

この地方都市の中を丹念に見ていくと、「循環系」がいくつか見出せる。しかも循環系同士が関連しあっている。ここに「都市とはどうあるべきか」という問いの一つの答えがある。これによって、都市は廃れるどころか、維持・発展していく。もちろん「都市の発展」といったときに、何がどう発展するのか、あるいはさせるべきなのか、ということに注意を払わねばならないが、いずれにせよ、複数の循環系が関連しあっていることで質の高い都市の持続性を実現している。

「質の高い都市」とはいくつかの定義ができるが、日本から見たときに特に目につくのが文化の充実度だ。ドイツの都市は文化が充実している、と書けば、「さすが、欧州の国だ」と、我々はつい納得してしまいそうになる。特に高度経済成長期の頂点でいわれた「日本はいわゆる先進国になったが、一流なのは経済だけだ」という評価を重ねるとなおさらだ。実は、経済力の発展と文化の充実がどういう風に関連しあうのかが、日本社会からはとてもわかりにくい。その「謎」が都市内の循環系を見るとある程度理解できる。

たとえばエアランゲンでの取材を通して「文化」と「企業」と「都市の質」をつなげる大きな循環系があるのが見えてくる。企業を出発点にさらりと書くと、行政の企業誘致の成功によって、人々にとって地元に職場ができる。そして都市の経済力そのものが高まる。経済力の高まりによる資本力は高い生活の質を実現する環境整備にまわる。その結果、地方でも文化度の高い都市が実現し、それがまた企業誘致策につながるという循環である。企業側の立場からいえば、拠点になる地域社会の発展が自社の成長にもつながるという思考が見出せるわけだ。やや脱線するが、欧州ではＥＵ拡大などを背景に２００２年ごろからＣＳＲ（企業の社会的責任）を政策に取り込む方向にある。「企業の社会的責任」という言葉は昨今日本でもよく話題になるが、これまでのドイツ企業の地域社会に対するまなざしを見ると、欧州でのこうした動きも自然な流れに思える。

循環系の話に戻ると、その背景には税制や法律をはじめとする仕組みがあり、都市内の情報流通や人々のコミュニケーションもある。長い歴史の中で育まれた、人々の都市に対する期待とイメージがあり、都市の空間の捉え方やメンタリティがある。さらに都市の姿やイメージを造形し、共有していく仕組みもあり、これらは都市のあり方を方向づける役割を果たしている。また具体的に都市の発展を論じたり、戦略を組み立てていくときに、「スタンドート（立地）」という軸になる概念もある。こういった諸々のものが都市内に複数の循環系を実現し、さらには循環系同士が関連しあうようになる。地方で生産された農産物などを生産地で消費するという意味の「地産地消」という言葉があるが、循環系とは地産地消のように都市内で再生産が繰り返され疲弊しにくい。

それから本書で登場する事例には文化よりの話が多いが、「文化」とは定義が幅広く、都市の循環系を支えているもの、すなわちコミュニケーション、情報、表現、記録といったものを一言でいえば「文化」ということになってくる。しかもそれらは、政治や行政、教育、職業といったこととうまく結びついている。また文化政策も地方が主役というのがドイツの大きな特徴だ。日独の対比でいえば、日本では2000年ごろを境に文化政策などの学科を創設する大学が出てきた。が、卒業生の就職先の難しさがあるという話を聞いたことがある。しかしドイツの大学ではそういった学科は古くからあり、卒業生はメディア、劇場、行政といった分野に職場がある。大げさにいえば、文化の専門家がいなければ社会が成立しないという了解があるのがドイツといえるだろう。

◈市民社会とは何か

さて、ドイツの地方都市の様子から見えてくるのが、市民社会とはどういうものなのかということである。ここに「都市とはどうあるべきか」との問いにもう一つの答えが見出せそうだ。

「市民社会」という言葉は日本で人気の高い言葉だ。文字どおりの定義をいえば「市民が主役の社会」といったような意味になるだろうか。しかし、「市民」や「社会」という言葉の定義を考えてみると、曖昧模糊としている。というよりも、どこか地に足がついていないように感じる人も少なくないはずだ。それもそのはずで、市民社会というのは周知のように欧州で成立したものである。だいたい「社会」という言葉は日本にはなかった。欧州から輸入されたものであり、先人はその翻訳に苦心している。他にも同様の言葉は数多くあり、こうした輸入概念を鑑みながら、日本社会の矛盾や問題点を論じる研究も多数ある。

そういったことを考えると、我々にとって実は今も「市民社会」とは本当に翻訳ができていない言葉だといってもよい。もちろん、本家欧州の様子ばかりを真似するのではなく、日本の各地方の「市民」でこれから市民社会をつくっていけばよいという意見もあろう。それは正論すぎるほど正論である。しかし翻訳が不十分のままでは、実は人権とか平等、自由、福祉、文化といった欧州発の概念の理解も難しい。我々はすでにこういった概念で国や自治体について評価し、ビジョンを組み立てるようになって久しい。だが概念の理解が未消化ではいろいろ矛盾などが発生するのも当然のことだ。それはまるで日本の米文化を理解せぬままにつくられた寿司のようなものである。

昨今、世界で寿司がブームであるが、私は一度ドイツ人の友人にかっぱ巻きをご馳走になったことがある。海苔や巻きすだれはアジア食品専門店で買ってきた。きゅうりも細長く切った。問題はシャリである。長細い米をおかゆのように炊き上げ、温かい状態でかっぱ巻きをつくってくれたのである。遠くから見れば、立派なかっぱ巻きだが、食べるとまるで別の食べ物である。寿司そのものは「サラダ巻き」などさまざまな工夫の余地があり、つくり手の創造性をぶつけやすい食べ物だ。ところがよくよく考えると、酢飯だけは日本で主流の米、あるいはそれにできるだけ近い米を使ってつくらねば、寿司という料理のカテゴリーから大きく外れてしまうと考える人が多いのではないか。寿司は日本の米文化を理解してこそ握れるといえるだろう。ここで「社会」の話に戻すと、友人がつくってくれた奇妙なかっぱ巻きのように、日本においては、社会という酢飯の理解がないままに人権とか平等といった海苔やきゅうりを使って寿司をつくっていることがままあるのではないか。

これは環境問題なども同じである。ドイツは環境先進国といわれる。日本から見ると確かにそう見える部分も多い。政治家、非営利法人など環境問題に取り組むプレーヤーたちは並々ならぬ情熱と行動力があり、地域単位での取り組みも盛んだ。ところが少し距離をおいてみると、当然のことながら環境問題もドイツにおいては「ドイツ社会」という文脈の中にあるテーマなのだ。日本からドイツの取り組みを学びに来る人は多いが、日本で反映させようとしても、しっくりこないことが多いのもそのせいである。たとえば、エアランゲンは自転車道が先駆的に整備され、「環境首都」にも輝いたことのある街である。しかし自転車道の整備を行った当時の市長の考えの軸には、近代の概念である「人権」とか「平等」というものがあった。自転車と社会の関係を見ても、19世紀の都市生活者の健康とか社会の進歩といったものとセットになっている。ドイツの「自転車文化」は社会的な広がりが大きく、そして深いものがあるのもそのためである。ところがエアランゲンの自転車道は環境問題という現代の側面から見られるのが主流であるし、当のエアランゲンでもそういう見方や位置づけがされる。しかし、自転車道も欧州の中で育まれた価値観や概念が交通政策と環境問題にうまく展開したと見た方が理解しやすい。あるいは、なぜドイツで自転車道ができて日本では難しいのか、という理由を見出しやすい。

「社会」とは何かを論じ始めると複雑になるが、一言でいえば、ドイツの都市における社会とは、人のコミュニケーションや情報の流通の総体ということになるだろう。しかもそれらは自然発生的なものではなく、都市の中にそのための仕掛けや仕組みがある。特徴的なものを挙げれば、教会や「フェライン」(非営利法人)などがそうだ。地方紙が主流であるのも、都市の中の社会のために必要であるからと見た方がわかりやすい。

そもそも都市は人工空間であって、人が住んでいける人工空間をつくっていくには、建物だけでなく、人の関係性、つまり社会をどうつくっていくかという視点も必要になってくる。そしてドイツの人々は自分たちが人工空間に住んでいることを強く意識していて、これが日独の比較をしたときに個人と社会の関わり方の違いを生む要因の一つになっているように思う。

以上のような理由から、本書ではドイツの地方都市から見える、「本家本元」ともいえる欧州市民社会を提示する試みを行っている面もある。これはここ１５０年ぐらいの日本の知的営為の流れでいえば、欧州の概念の翻訳作業の一端を行うことでもある。ただし理論中心の言及は行っていない。もとより私には荷が重い。ただ、取材による具体例と「関西系エアランゲン市民」としての観察を重ねて提示することで、市民社会とはどういったものかがある程度浮かび上がるようにしたいと考えた。

それから、ドイツ語に「シュタット（Stadt）」という言葉がある。「市《し》」とか「都市」という意味で、当然ドイツで育まれた歴史的な意味も内包している。本書では常に文脈によって「街」「市」「都市」といったように使い分けている。

またドイツで生活すると、実際のレートと違い、１ユーロが１００円ぐらいの物価感覚である。したがって本書でもそのように表記している。

CONTENTS

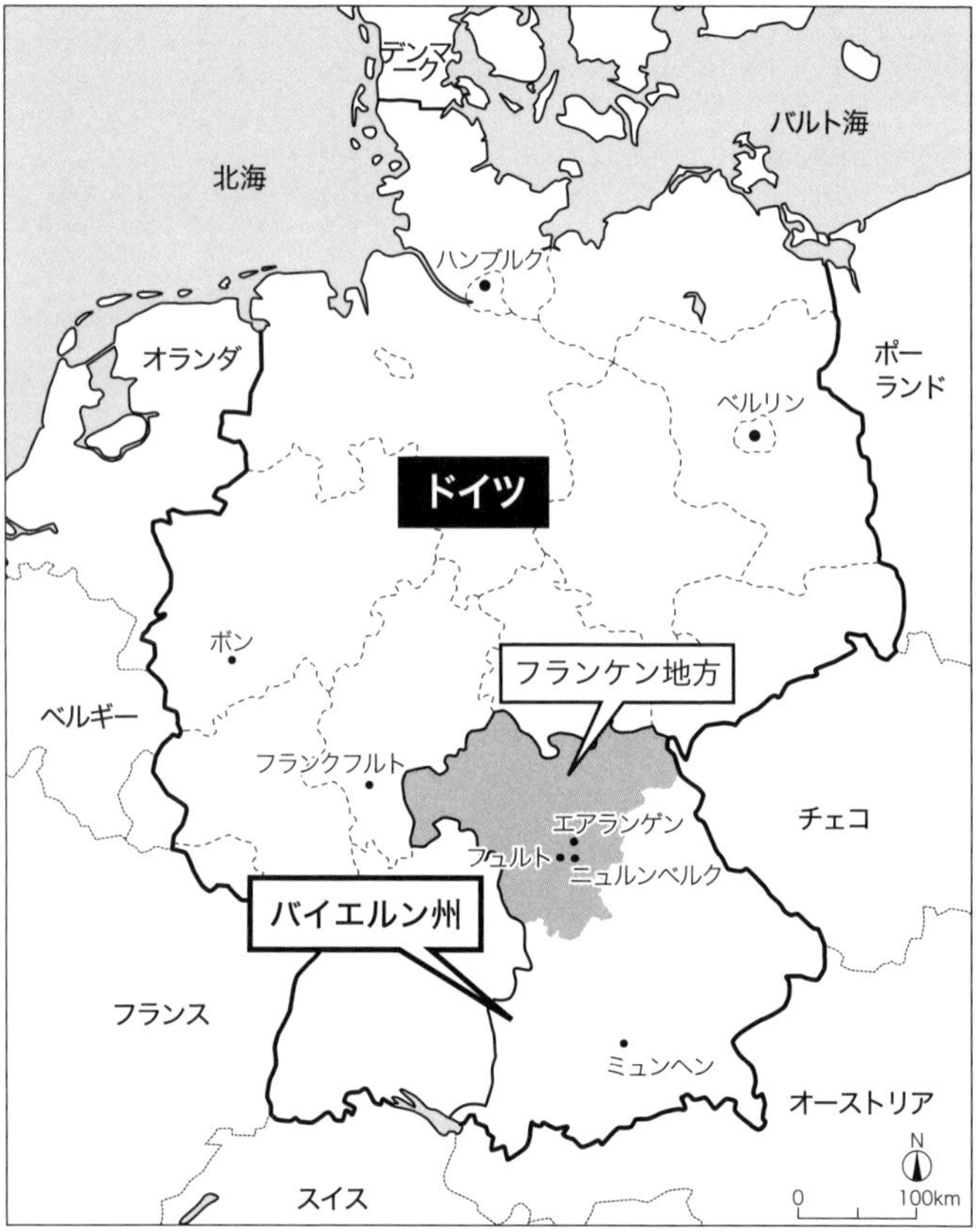
デンマーク
バルト海
北海
ハンブルク
オランダ
ポーランド
ベルリン
ドイツ
ボン
フランケン地方
ベルギー
フランクフルト
エアランゲン
チェコ
フュルト
ニュルンベルク
バイエルン州
フランス
ミュンヘン
オーストリア
N
スイス
0
100km

CHAPTER 1

10万人都市の輝き

1　歩くのが愉しい街

◈日本人が驚くドイツの街

日本の都市計画の専門家、Oさん夫妻が新婚旅行でドイツに来られ、エアランゲンまで足を伸ばしてくださったことがある。専門が専門だけに、街を歩くだけで気になるものがあれこれあるようで、さかんにカメラのシャッターを押されていた。そのOさんをエアランゲンの市役所前の広場に案内したときのことだ。開口一番、「これが10万人都市の賑わいですか」と驚きをこめておっしゃった。私は思わず苦笑した。というのも、このOさんの驚きがよくわかったからだ。

日本の都市について、都市計画や地域活性化などの分野では必ずといっていいほどこういわれる。シャッターの閉まった店が並んだ駅前通り、大きな看板類、新しい駅も雑居ビルとそう変わらない。これは私も同感である。いつぞや日本の100万人程度の地方都市を取材で訪ねたことがある。駅周辺を歩きまわったが、賑わいといっても商業施設の中だけ。駅ビルには人はたくさんいるが、「目下移動中」といった雰囲気である。メインストリートに出ても消費者金融のビルやチェーン店、コンビニなどが目に入る。裏道に入ると、それこそ野放図な看板があり、電柱が立つ。結局その街が持っている独自の賑わいとでもいう雰囲気にぶつかったのは、駅ビルのすぐ近所の市場だった。市場の建物は総じて古く、巨大な駅ビルの狭間に埋没しており、一見、駅開発から取り残されたかのようでもある。しかし、それゆえに昔からあった街の独自の雰囲気や賑わいが残っているように見えた。

10万人の地方都市には歴史と賑わいと利便性が詰まっている

Oさんも仕事を通じてこういった日本の都市をたくさん見てこられたのだろう。ところがたった10万人の街の広場には人々が大勢いて、買い物を楽しんだり、ゆったりカフェで語りあったり、ベンチに座ってアイスクリームを食べている。家族連れの夫婦はベンチに座り、子供たちは噴水のそばで走りまわっている。自動車がびゅんびゅん通り過ぎることはないし、電柱もない。道の両側には木が生い茂り、派手な看板もない。視界を遮るような高層ビルもない。安全で楽しげな街の風景がそこにある。

◇外国人が落胆する日本の街

日本とドイツの共通点はいろいろ見出せるが、一つの分類をするならば、両国はいわゆる先進国であり、ＧＤＰベースでいえば世界でもトップクラスの経済大国であるということだ。家には水道が通り、電気が使える。人々は自動車に乗って、携帯電話で連絡をとりあう。大量のモノとエネルギーを使って生活している。実に恵まれた国なのだ。ところが、「先進国」日本から見たときにドイツが羨ましく見えることが多い。観光などで初めて訪ねた人の多くは、まず街並みの美しさに驚く。古い建物が残っており、新しい建物も周りとの調和を考えたデザインである。街がそのまま公園のようだという感想を漏らす人もいる。もちろん、郊外ではおよそドイツらしからぬ風景にお目にかかることもあるし、新興住宅地となると、「建築家の実験場ではないか?」と思わせるところもないわけではない。それにしても、おしなべて日本に比べると美しい。

外国でよく知られる日本の都市といえば東京、京都あたりだろうか。京都にいたっては1997年にCOP3(気候変動枠組条約第3回締約国会議)が開催されたおかげで、「キョート・プロトコル(京都議定書)」という地名入りの単語が欧米の新聞などにも頻繁に登場するようになった。

京都は国内でも有数のブランド力を誇り、観光地としての人気の高さもいうまでもない。ただ時々、観光に来た外国人はがっかりすることがある。理由は明快だ。たとえば、清水寺界隈の風光明媚な写真を見て期待に胸躍らせて外国人はやって来る。しかし、京都駅に降りてみれば近代的なビルが建ち並んでいる。写真で見た伝統的な佇まいは「観光スポット」にしかない。景観問題を意識して見ると、実は観光スポットでさえも、電柱が乱立し、看板などが気になる。一部の電柱などは形や色を変えて景観対応に努めてはいるが、日本が誇る世界の京都というには寂しいものがある。京都は一定の求心力や存在感のある街だが、古都のよさが都市計画に十分反映されているとはいいがたい。日本国内のほかの都市と比べれば、ビルの高さ規制などで古都のよさを維持している都市ではある。近年は景観のための条例もつくられ、町家を活かす動きも活発だ。しかし、外から来た人が見れば「こんなはずではなかった」という落胆が起こるというわけだ。

◈街の統一感

本書の舞台の中心になるエアランゲン市の市街地を描画してみよう。同市はドイツ南部のバイエルン州に位置する街で、人口は約10万人。日本ではざらにある規模の地方都市で、特に観光資源があるわけでもない。しかし、エアランゲン駅を降りて街に足を踏み入れると、石造りの建物が建ち並ぶ。石造りの建物といっても古臭いだけではない。マクドナルドもあれば携帯電話のショップもある。大規模小売店もある。だが落ち着いた雰囲気があり、統一感がある。それだけに路上に椅子やテーブルが並ぶカフェは恋愛映画の舞台になりそうな風景をつくっている。

この落ち着きは、街のつくり方に一つ理由を求められる。それは、歴史的な建築物をきちんと残そうという方向づけがはっきりあることだ。歴史を大切にするという価値観が、きちんと法律に明記されているのだ。都市計画がたてられ、景観の統一を図る。さらに、ほとんどの街に歴史的建築物の維持・保護を図る「フェライン」（非営利法人）がある。

左が建て替えられた建物だが、高さやデザインなどは調和が図られている

たとえばエアランゲン市の市街の真ん中に長年「カウフホフ」という大規模小売店があったが、建物の持ち主との契約が切れて撤退。建物自体もずいぶん古いものだったこともあり、建て替えることになった。新しい建物には小売店やオフィスが入る。工事現場につくられた合板の壁の隙間から人々はよく覗き見をした。いつのまにか、合板に覗き窓がつくられたところはご愛嬌。工事の始まりは古い建物の解体だ。更地になったところに地下部分が掘られ、そしてクレーンに吊るされた鉄骨が宙をゆったりと舞う。骨組ができて、コンクリートが流されていく。ここまでは通常のビルディングでもつくるのだろうかと思わせる光景だ。ところが工事の最終段階にはコンクリートの壁に石の板が張られた。隣接する教会やほかの建物とも調和しており、違和感がない。持ち主は個人であるにもかかわらず、歴史を大切にしようという価値観がきちんと反映されているのだ。「街の歴史を大切にするドイツ人」を象徴するものはほかにもいくつか挙げられる。たとえばエアランゲンのお隣、ニュルンベルクは第二次世界大戦中の空襲で破壊されたが、歴史的な街並みを以前の姿に再現したという

話はよく知られたところである。

もっとも、いくら景観を大切にするといっても、やはり歴史的景観と比較的新しい建物が並ぶ境目というものができてくる。エアランゲンの市街でも境目に近いところに2007年にモダンなデザインのショッピングモールがつくられた。建設にあたっては住民投票にまでなったが、その反対派の多くは歴史的建物が並ぶエリアに近いために景観を損なうということを問題視した。ともあれ、景観問題は少なくとも日本に比べて優先順位の高いテーマなのである。

中世からあると思わせるようなマクドナルドの看板(ローテンブルク)

近年は日本でも景観の専門家らが問題提起を行い、「都市景観」という言葉が新聞に登場するようにもなった。とりわけ京都などは「景観にうるさい街」として知られる。それだけにさり気なく景観との調和を考えた看板などが目につく。マクドナルドの看板は少し黒みがかった落ち着いたトーンにしてあるし、牛丼の吉野家なども強いオレンジ色の部分を白色にしてある。

しかし、景観にうるさい京都も、市内で最も賑わいのある河原町通りなどは、とにかく目立つ店舗やビルが建つ。自己主張する「独特のデザイン」の建物が乱立すればするほど通りの景

Nürnberg

ニュルンベルクのロゴ。市を囲む城壁がモチーフになっている

観はひどくなっていく。日本の「不統一感」は、街の方向づけを行う部分の欠如によるものだ。

ちなみにエアランゲンのマクドナルドの看板はおなじみの通常のものだが、かつて郵便局だった古い建物をそのまま残して使っているため、比較的落ち着いて見える。もっと徹底しているのは、観光地として知られるローテンブルクという街のマクドナルドだろう。まるで中世から続いているファストフード店という感じのデザインに細工されていて、街の通りに中世からあるかのような顔をしている。

◈街の求心力

街に統一感があるのは建築や施設などのハードによるものが大きいが、街には同時に求心力がある。ヨーロッパの歴史をご存じの方なら聞いたことがあるかと思うが、特にドイツの街は都市国家として発展してきた経緯がある。街を壁で囲む形でつくられた。日本では街の真ん中に城を建てたから、町のイメージは随分異なる。バイエルン州の「第二の都」と呼ばれるニュルンベルクの城壁は、観光資源として、また街のシンボルとしてその存在感は大きく、ロゴマークにデザインされている。もちろん日本と同様、都市の中心部の人口が増えると、「壁の外」に新しい住宅街などもできるが、依然、「壁の中」の街は求心力を持っている。

イラク戦争反対！（2003年）

「壁の中」はなぜ求心力があるのか。それは明快だ。何でもあるからである。エアランゲンも壁で囲まれていた。今は、「かつて壁だった」ということがわかる程度にわずかに市壁が残っているだけだが、それでもやはり壁の内側と外側では雰囲気が違う。10万人程度の街であるから、市街といえば1本のメインストリートが主役。端から端まで歩いても大人の足なら20～30分ぐらいで行けそうな距離だ。その周辺に市役所から劇場、ミュージアム、店舗、レストラン、バー、喫茶店、公園、広場、銀行、大学、オフィスと何でも揃っている。しかも店舗の上は住居になっており、オープンカフェでお茶を飲んでいると、いきなり上の住人が子供を連れて出かける、といった光景に出くわすこともある。市街地といえどもきちんと住人がいるから、街そのものが荒むことがない。さらに市街地は自動車が乗り入れにくいつくりにしてあるので、歩行者と自転車が主役だ。

何でもある、というのは建物や施設だけではない。ストリートミュージシャンは街を賑やかにし、何か事があれば反対運動やデモをする人もいる。イラク戦争が始まったときは、「戦争反対」のプラカードを掲げ、道化の格好でメインストリートを自転車で走っていた人もいた。「深刻にやるよりも、こんなスタイルの方が人々は見るからね」というのがこのピエロ氏の作戦だった。街の中にそういった「行為」もたくさんあるのだ。

マラソン会場になった宮殿広場

◈広場の力

ドイツの街にはたいてい広場がある。この広場も街の魅力や求心力を高めている。ニュルンベルクのフラウエン教会と市役所の前にある中央広場といえば、クリスマスシーズンに数々の屋台が並ぶ「クリスマス市」が開かれることでよく知られている。エアランゲンでも旧市役所と宮殿の前に「宮殿広場」があるが、こちらも毎年クリスマス市が開かれる。

エアランゲンの広場には石畳が敷かれ、大学創設者の銅像が立つ。平日はチーズや生花、蜂蜜などの出店が並び、晴れた日にこの広場を散歩するだけでも楽しい。市のマラソン大会のときには、ゲートができ、観客席が設えられる。日本のイベント会場といえば、イベント以外の日は閑散としているところが結構あるが、対照的である。

ところで、この広場も実はかつて駐車場として使われていた時代があった。80年代初頭の写真を見ると、自動車がずらりと並んでいる。ところが70年代から自転車道の整備が始まり、市街地への自動車の乗り入れを制限する方向に市政が動いた。その流れのなか、広場から自動車も追い出されたというわけだ。

2　職住近接のライフスタイル

◈市民は住民

日本で市民とは何かという議論はたくさんあって難しいのだが、ドイツの10万人都市で取材している立場から日本を見たときに、一ついえることがある。それは、日本では「市民＝住民」でないということがしばしば見られることだ。典型的なのがベッドタウンだろう。その名のとおり、ベッドタウンとは「寝るため」だけの街ということになろうか。高度経済成長期に住宅供給のみを主目的としてつくられた街だ。こういう街は昼夜人口の格差の大きいところが多い。昼間は全人口の7割ぐらいまで減ってしまうような街もある。しかも日本の長時間通勤は有名だ。そして残業が加わる。私は奈良県の出身だが、大阪の会社や学校に通っている人を指して「奈良府民」などという言い方がされることもあった。まさに「市民＝住民」ではないことを示す言葉だ。そのベッドタウンは現在、住民が高齢化し「高齢者タウン」に変貌しているところも少なくない。ちなみにエアランゲンの場合、平日は1万3000人程度が市外へ出て行く。流出人口そのものも少ないが、おそらく行き先も、隣接するニュルンベルクやフュルトあたりではないだろうか。逆に昼間の流入人口は5万人ほどある。これも隣接する街からやって来る人たちが多いと考えられる。

◈生活圏内で働く

近年日本では定年退職後の人が「地域デビュー」するということが話題になる。定年退職を迎えてようやく登記上の市民から本当に市に住んでいる「市民」となるわけだ。ところがドイツで「地域デビュー」なる言葉を聞くと、とても違和感がある。大都市になると通勤時間も結構長い人もいるようだが、職住近接というライフスタイルがいまだ根強い。通勤に1時間といえばかなり長い部類だ。

少々極端な例を紹介しよう。ニュルンベルクに住むある知人は、同市内の会社に勤めていたが、あるとき、エアランゲンに引っ越した。なんと、このとき会社も辞めてエアランゲンの企業に転職したのだ。両市は隣接しており、自動車で30分ほどの距離だ。わざわざ転職する必要もなさそうに思えるのにだ。

ドイツも日本も経済大国という共通点はあるが、労働スタイルからいえば、ドイツの方が効率がよいということになるだろう。もちろんマネージャークラスになると労働時間も長くなることもあるし、残業もないわけではない。しかしよほどのことがない限り、せいぜい午後7時ごろまで。もっとも、ドイツの朝は早いので、午後7時まで仕事といえば結構長い労働時間だ。が、それにしても午後5時ごろのスーパーマーケットを覗くと、スーツ姿の男性や夫婦で買い物をしている人を結構見かける。金曜日ともなると午後3時ごろにはオフィスはがらがらというところも多い。

こうした様子を見ると、終日自分の住む街、あるいは近隣の街、つまり生活圏内に人は居続けている。そして、平日でも家族とともに夕食をとる。有給休暇も毎年きちんと消化するようになっているせいか、たとえば平日の真っ昼間に街の中でお父さんがベビーカーを押して歩いているような姿も違和感がない。

◈いつもどこかで知り合いに出会う街

歴史的にドイツの都市は壁で囲まれているが、この砦を「ブルク（Burg）」という。Burg にいる人々を「ビュルガー（Bürger）」という。ビュルガーとは「市民」の意で、「ビュルガー」に「マイスター」がつくと「市長（ビュルガーマイスター）」になる。市民という言葉が物理的に限定されたエリアを指していることがうかがえる。

物理的に限定されたところに住んでいるということは裏返せば、そのエリア内に何でもあることが要求される。すなわち、家、働く場所、学校、余暇を過ごす場所など、すべてが街になければいけない。これが、職住近接というライフスタイルや、文化も経済も強い街といったことに結びつき、「市民」は生活圏に何でもあることが当然という風に考え、自分が住む街と精神的にかなり親密になるのではないかと思う。もちろん若者は自分の育った街を出てみたいという気持ちはあるし、エアランゲンの場合は大学やグローバル企業のシーメンス社の一拠点でもあるので、ほかの国や街からやって来た住人も多い。それにしても職住近接というかたちに落ち着く。また私の妻はエアランゲンで育ったが、彼女の同級生を見る限り、外国で暮らしたりしても、結局エアランゲンに落ち着くというケースが結構見られる。

こんな短時間労働で職住近接というスタイルが主流になると、街の中での人付き合いも多くなる。私自身はどこかのオフィスで働いているわけではないが、それにしても、子供が通う幼稚園の先生と劇場でばったり会ったり、前日に取材した人と近所のスーパーですれ違うといったことが日常茶飯事だ。土曜日の昼下がりに家族で市街を歩けば、それこそさまざまな接点がある人と必ずといっていいほど顔を合わせる。何でもある、ということはどんな人でもやって来るということだ。若者だけ、ビジネスマンだけが闊歩するわけではないので、街にさまざまな色があるとでもいおうか。ドイツに「地域デビュー」という言葉がなく、それを翻訳することすら難しいわけだ。

CHAPTER 2

地元への深い愛着

1 郷土愛を育む仕掛け

◈地元を支える名士たち

エアランゲンも小さな街だなと思うときがある。それは催しなどの取材で見かける顔がよくだぶるということだ。こういったことは日本の地方都市でもよくあるが、私の観察でいえば、たとえば、文化の集まりと経済の集まりでは顔ぶれは多少異なるものの、両方で見かける人も結構いる。いわゆる名士といわれる人々で、街の市民であることが人生の一部であり、仕事の一部であるかのように見える人たちだ。エアランゲンで行われるさまざまなプロジェクトを見ると、その享受者が地元の人であることはいうまでもなく、プロジェクトを提供する側も周辺地域の人的資源・組織でやってのけるようなところがある。つまり、プランニングから資金調達、実行、さらには報道にいたるまで、ほとんどが地元づくしなのだ。したがってスポンサーになるような地元企業や銀行などの「名士」たちはプロジェクトの分野にかかわらずセレモニーなどでよく見かけることになるわけだ。

たとえばこんなことがあった。エアランゲンでは毎年ビール祭りが行われるのだが、２００５年には２５０周年を迎え、これに合わせて記念写真集が出版された。１８０ページ余りの本の中身は歴史や建築、音楽、ビールの味など複眼的な構成で、出版の発表は地ビール会社のキッツマン社で行われた。こうした記念行事に関連した本の出版は決して珍しいことではない。日本でも地酒や地ビールはあり、愛好家や研究者もいる。しかし特産品として地方の「輸出品目」のように位置づけられていることが多いのではないだろうか。地ビールにいたっては最初から地域経済

ビール祭りの記念写真集の完成発表会。写真家、編集者、モデレーターが並ぶ。すべて「地元」の人材だ

振興の一環というところも多いから、なおその傾向が強い。それに対してドイツの地ビールは地元で消費されるのが基本だ。キッツマン社もエアランゲンの「顔」のようなビール会社で、商圏はせいぜい50キロ半径。そして街にはビールをめぐる文化・学術的な蓄積があり、地元の人材・資金でビール文化を公的な地域の価値にまで昇華させているわけだ。

そういったことが先の写真集の出版発表会の様子を見るとよくわかる。集まったのは市長をはじめ、編集者、カメラマン、報道関係者、市のアーカイブ（文書館）職員、そして司会のクラウス・カール＝クラウスさん。同氏は社会や政治を皮肉るお笑い芸「カバレット」の演者、カバレティストだ。芸人さんだけに軽妙な進行ぶりで、この年ビール祭りをテーマにしたカバ

地元の文学作家の写真集発行のセレモニー。市長、写真家、販売会社経営者、発案者らが並ぶ

レット作品もつくった。そして忘れてはならないのが、発表会にも顔を並べていたこの写真集を支えたスポンサー企業の経営者。いずれもすべてエアランゲンの人材である。

ビールは長い歴史を持つものなので、地元の名士が揃うのも理解できるが、現代的なプロジェクトでもしかりである。ドイツを代表する高級車といえばメルセデス・ベンツだが、ある日、エアランゲンの販売店の駐車場に、営業時間を終えた夕刻、次々と人々がやって来た。その数、約350人。ショールームではおもむろにアコースティックギターの演奏とそのリズムに合わせて歌うような詩の朗読が始まった。これはエアランゲンおよび周辺地域のフランケン地方にゆかりのある文学作家のポートレートを収めた写真集の発刊記念のセレモニーだ。写真集は市のギャラリー担当のカール・マンフレット・フィッシャーさんとリサ・ピュープラさんが発案。撮影は同市在住の写真家ゲオルク・ポエラインさん。この写真集をサポートしたのがエアランゲンに隣接するニュルンベルクのメルセデス・クライスラー代理店とセレモニーの会場にもなった自動車販売会社オートハウス・ピッケルというわけだ。

社長のミヒャエル・ピッケルさんはこの写真集に限らず、普段から地元のスポーツ関係や社会福祉事業への支援も行っている。また数年前にエアランゲン市にできた文化財団の立ち上げメンバーでもある。「当社が販売するメルセデス・ベンツは（高級車として）特別なイメージがある。したがって市民も期待しているし、地元のためにもそれに応えたい」とさらりと言う。自動車メーカーは日本でもそうだが、社会貢献や文化支援をするケースが多い。これにはピッケルさんも述べているように、企業イメージの向上というような側面がある。しかし日本では地方の販売会社がこういった文化支援を独自に行うケースはあまりないのではないだろうか。地方にまつわる文学作家の写真集が地元の文化行政マンと写真家によってつくられ、地元の企業が経済的支援をしたという地元尽くしのプロジェクトなのだ。

◈市民が救った市営劇場

文化プロジェクトの類を見ていると、行政が企画したものに市民や企業が加わっているのがわかるが、見方を変えると、都市の中であらゆる分野の人々の交流を促しているのが文化の役割という風にも見えてくる。そういった文化の役割を良いかたちで全うしているのがエアランゲンと隣接しているフュルト市の市営劇場だろう。

この市営劇場は白を基調した建築物で、彫刻が随所に施されている。新ロココ調と呼ばれる様

フュルト市市営劇場

式のもので、瀟洒《しょうしゃ》なデザインだ。まさに街のシンボル的な建築物である。同劇場は1902年につくられた。劇場といえばもともと貴族の物だったというケースが結構あるが、同市の場合、市民が望んだ劇場だった。実は現在の劇場がつくられる42年前の1860年に一度劇場をつくったが、折しも経済的に良い状態にあったフュルト市民は、この劇場では満足しなかった。街の経済状況に見合った文化の度合いを高めたいという意識が働いたわけだ。そこで市民たちは寄付を募り、2人の建築家に設計を依頼。寄付金は建築費用の30%以上に相当する28万ライヒスマルクにまで及んだ。現在の日本でいえば1億2000万円ぐらいだろうか。こうした動きの背景には、文化や教育に対する理解の深いユダヤ人が同市には多かったということが大きかった。これは日本でいうところの「旦那衆」の発想に近いものかもしれない。ともあれ、そういった要因が重なって、市民主導の劇場建設につながったわけだ。

そんな劇場にも1960年代後半に危機が起こる。老朽化により取り壊しが検討されたのだ。しかし、ここでも市民が活躍する。寄付を集めて修復費用を捻出。さらには劇場サポートの非営

劇場内でトンボラの準備をするヴィリー・ヴォエトミュラー博士

利法人をつくった。このとき、地元企業のグルンディヒ社がかなり支援した。同非営利法人は現在にいたるまで劇場に対してさまざまな支援を行っているが、なかでもユニークなのは「トンボラ」と呼ばれる福引だろう。トンボラとは地元の祭りなどの催しのときに行われるもので、収益を社会的に困窮している人たちに提供することが目的であることが多い。

劇場サポートの組織が設立された当初、メンバーの1人で地元新聞社のヴィリー・ヴォエトミュラー博士が劇場のための資金支援の方法としてトンボラを発案。1972年に初めて行われた。このとき1週間で10万枚の福引券が売れ、慌てて2万5000枚を追加。その利益は9万マルク。当時のドイツの物価感覚では900万円ぐらいの価値があったと思われる。その後も断続的に行われるが、毎回かなりの金額を集めており、多いときは日本円に換算すると1000万円を超えることがある。このトンボラは10月に行われる同市のビール祭りで行われるが、97年に行われたときはビール祭りが終わっても12月まで販売が続けられた。

トンボラは日本でいうところの福引だが、1枚1ユーロ（1

劇場支援の非営利組織の代表ヨゼフ・ペーター・クライネルト氏

００円相当）で販売され、福引の商品は地元の企業や個人の寄付によって用意される。トンボラが行われる前の準備中は劇場のメインフロアに所狭しと商品が並べられ、倉庫のような様子になる。２００４年のときはスコダ社の自動車５台が目玉商品になった。

劇場支援の非営利法人は１９６９年に３５０人のメンバーを集めて設立された。今では２１００人以上のメンバーがいる。代表のヨゼフ・ペーター・クライネルト氏は設立当時、市内のギムナジウム（高等教育学校）の先生をしていた。このときすでに50歳で何度か代表をやめようかと考えたそうだが、結局今も元気に続けている。いずれにせよ、劇場は地元の企業や市民によって支えられているが、逆に見れば、劇場は街の企業や市民をつなげていく接着「財」とでもいえる役割を果たしている。

◈街の記念年を祝う

少々間が抜けて聞こえるかもしれないが、ドイツの人々は「西暦」で生きていて、日本の元号のように時代ごとに時を区切ることがない。永遠に時を積み重ねていくような感覚を所与のものとして皆持っているように思えてならない。この感覚は組織や街の行事にも反映されていて、10年、25年、50年、100年といった節目には行事のほかにクロニクル（年代記）が何らかのかたちでつくられることが多い。こういう記念年を「ユビレウムスヤー」というが、「喜びの年」といったような意味になる。これはキリスト教と通じるものがあると思われる。実際、現在のカトリックで25年に一度の大赦の年を「ユーベルヤーレ」という。

街そのものの記念年も祝われる。近年、ドイツでは1000年のような節目の年を迎えるところが多く、「ドイツ都市会議」のウェブサイトにはずらりと各都市の記念年のリストが並ぶ。

エアランゲンが1000年記念を迎えたのはは2002年。その準備は97年から始まった。モットーは「市民から、市民のために、市民とともに」と耳触りはいいが、一筋縄にはいかなかった。日本と程度の差こそあれ、街に対して発言力がある人や団体はだいたい決まっているものだ。まずは教会、組合、文化の非営利法人、青年団、文化行政担当者、商工会議所などから人が集ってフォーラムがつくられた。顔ぶれを見るとバランスのとれたものだったが、まるで街の縮図のような顔ぶれである。フォーラムはあくまでも事業の中身と予算の提案が目的であったが、各グループが自分たちの組織に応じてやりたいことを押えてしまった。その過程でグループ間で取引があるなど、「縄張り争い」のような一面もあったが、「過去を振り返るだけでなく、未来も見

街のアイデンティティを強めた市民祭りのパレード

つめる」という基本のコンセプトが共有できたことが最大の成果だった。

記念年を2年後に控えた2000年2月、プログラム案を市民に公開した。もっとも、案というよりも事実上の決定プログラムになったかたちだが、逆に積極的な参加を希望している市民たちの存在が浮上してきた。唯一市民の参加が可能だったのが、「ビュルガーフェスト（市民祭り）」。これが市民本位への突破口になった。行われたのは2002年7月のある日曜日。市役所前からスタートし、メインストリートをパレードするのだが、市長夫妻が先頭を歩き、街の始まりを示すパネルを持つ人たちが続く。その後に大学の始まりや、ビール祭り、職業組合など歴史的な出来事を示す人々が時代の衣装をつけて進む。エアランゲンの時代祭りである。後半になってくると消防団、スポーツや文化、自転車、ソーラーエネルギーなどの非営利法人、地元のビール会社、姉妹都市など現代のものが数多く登場する。1000年前と今世紀が直線的につながった時間感覚がうかがえる、これが「西暦」の感覚なのだろう。

パレードに参加した市民は衣装などを自前で調達する。これはお金に換算すると相当大きい。

ルートヴィヒ・エアハルト元首相はじめ地元の経済人が登場する作品（写真はフュルト市市営劇場）

だが人々はのってきた。役所内の記念年プロジェクト・オフィスのトップであるピエレ・ライヒ氏は「この催しで市が主催して市民が中身をつくるかたちが具体化した」と振り返る。市長のシーグフリード・バライス博士は「市民同士のつながりと街の誇りを強めた」と言う。1000年祭は街のアイデンティティを強めるのに一役買ったというわけだ。市長は「いい『投資』だった」とも述べている。

記念年の取り組みには郷土愛を表現するものが多々あるが、印象的だったのが、エアランゲンのお隣フュルト市の市営劇場で地元の著名人を題材にした作品が上演されたことだろう。2007年に1000年記念を迎えたフュルトの年間プログラムの一つだ。

天国にいるスーツ姿の3人の紳士が20ユーロ（2000円相当）を持って下界へ降り、誰がどれだけお金を儲けられるか――〝エコノミック〟レビュー作品『ペチコート&シッケダンス』は歌と踊りを交えてそんなストーリーが展開される。主人公の3人の紳士とはマックス・グルンディヒとグスタフ・シッケタンツ、そしてルートヴィヒ・エアハルトである。いずれも同市の出身であったり、ゆかりの深い経済分野での著名人だ。グルンディヒとシッケタンツはそれぞれ、家電メーカーのグルンディヒ社と通信販売のクヴェレ社（現在はカールシュタット・クヴェレグループ）の創業者。いずれの企業も同市が発祥の地で、ドイツでは誰でも知っている有名企業だ。クヴェレなどはフュルト市市営劇場のスポンサーの常連でもある。

エアハルトはフュルト出身の旧西ドイツ首相（1963〜66年）。首相になる前は経済相を長く務めた。戦後の「経済の奇跡」と呼ばれる経済成長の立役者であった。また、ドイツは「社会的市場経済」という経済体制を敷いているが、これもエアハルトによるものである。3人が降りてきた「下界」とはフュルトの街。公園、地下鉄の駅のほか、今も使われている城のような市役所も背景に使われた。3人の人柄もうまく盛り込まれ、現代の政治や経済を皮肉るようなシーンもあった。また、同市のサッカーチームやフュルト地方で設立されたプレイモビール社の玩具を模したものも登場した。脚本を書いたのも地元在住の作家、エヴァルト・アレンツ氏だ。同氏は1965年にニュルンベルクに生まれ、フュルトのギムナジウムを卒業。バイエルン州やフュルトの文化関係の賞も受賞している。地元の記念年を祝うために、地元の作家が地元の著名人を登場人物にした作品をつくり、市民がそれを楽しむというかたちになっているのがわかる。

◈街の歴史を記録するアーカイブ

エアランゲンを定点観測的に取材し続けていると、街があたかも人格を持っていて、自らを語りだすような印象を受ける。具体的には、街が年間モットーを打ち出したり、医療都市というコンセプトを提示するといったことである。単独で見ると大した出来事でもないのだが、継続的に見ていると、まるで街が人格を持っているように思えてくるのだ。

そしてもう一つ重要なことは、「記録」である。ドイツでは歴史を振り返ることと、記録していこうという行為が盛んだ。街の歴史を記録していくということは、街全体を管理していくという発想に時間軸が加わったという見方をしてもいいかもしれない。街の記録を担っているのが市のアーカイブだろう。ドイツの街には必ずといっていいほどアーカイブがある。州の図書館などにもそのような役割があって、王国の知的遺産や文化を保存しようという発想がベースにある。バイエルン州の図書館などは16世紀半ばにできたものだが、早くからバイエルン内で発行された書籍の納本が義務化され、それは今も続いている。

少々話はそれるが、ＩＴの進歩に従い、日本では近年「デジタルアーカイブ」という言葉が広がった。この「アーカイブ」という言葉はずいぶん目新しいもののように感じられるかもしれないが、ドイツの街には昔からきちんとあった。先人は「文書館」といった翻訳を当てていたが、古文書や絵、音響メディア、写真類が整理され、管理されている。そして記録は今もどんどん蓄

「エアランゲン・街の百科事典：*ERLANGER STADTLEXIKON*」

積されている。たとえば、街の幼稚園で市長がリンゴの木の植樹をしたといったことがあっても、担当者がカメラを持って駆けつけて、きちんと記録をとっている。こうしたものを積み上げていくことが街の背骨とでもいうようなものを醸成していっているといえよう。面白いのは、重要なプロジェクトが行われたり、何らかの成果が生まれたときは「街の横顔がまた更新された」とか「新しい街の横顔が加わった」という言い方がされる。こういった表現に、自分たちが今、街の歴史を一つ積み重ねたという感覚があるように思われる。

街のアーカイブは個人が論文を書く際にも活用でき、街のミュージアムで展覧会が行われたりするときもよく利用される。そもそもドイツの街には歴史のフェライン（協会、非営利法人）があるところが多く、頻繁に本にまとめている。しかも、定期的に更新することも少なくない。エアランゲンでも先述したビール祭りの記念写真集をつくる際にアーカイブは大活躍した。

エアランゲンのアーカイブの面目躍如としては「街の辞典」だろう。街の1000年記念年に合わせて「エアランゲン・街の百科事典：*ERLANGER STADTLEXIKON*」が発行された。この百科事典はアルファベット順に街の歴史や人、建築物、出来事などについて記述されている。巻末には1800年代からの歴代市長のデータなどが掲載されている。堂々、約800ページの街のエンサイクロペディア(百科事典)だ。私もエアランゲンのことを調べるときにはよくこれをひもとく。

値段は50ユーロ(5000円相当)で、決して安いものではないが、市街の書店ではしばらく平積み状態だった。初版が5000部。そもそも、ドイツの街には「ご当地本」が多い。エアランゲンでもビール祭りや建築、文学などさまざまな分野の「ご当地本」がある。それを買い求める人も多く、自宅の本棚に1冊や2冊、何らかの「ご当地本」が並ぶ家庭も結構ある。この事典も数ヶ月後には増刷され、発行から半年ほどで7500部が売れた。

ところで2001年、市内のあるギムナジウムは地元の新聞社の支援を受けてCD－ROMを作成した。IT学習の一環で行われたもので、新聞の販売店でも買うことができた。このCDも最近の街の動きや統計、そして歴史をまとめた街の「ポートレート(肖像画)」だった。自治体があたかも人格を持っているように感じられるのは、どうやら、街の歴史を執拗に記録し、自分たちのルーツを把握し続けることにあるのかもしれない。

ドイツの都市の発想は国家の雛形になっているようなところがあるが、アーカイブも近代国家のあり方と重なるところがある。近代国家は文化的なアイデンティティを必要とする。これはしばしば民族的アイデンティティと重なり、偏狭なナショナリズムにつながることもあったが、文化は国家をかたちづくる重要な要素であり、これが文化政策につながってきた。国家の知的遺産である書籍や文書、音楽などを保存するという資料保存は国立図書館の大切な役割だが、この発想はドイツの都市のアーカイブにもあるといえるだろう。

2 企業の地元支援

◈地元に貢献する企業風土

ドイツといえばサッカーを思い浮かべる人も少なからずいるだろう。土日ともなれば地域のグラウンドでアマチュアのサッカーの試合や練習がよく行われる。エアランゲンの南にテンネンロエという村があるが、ここにもサッカーのグラウンドがある。面白いのは、グラウンドを囲むフェンスに地元の企業の広告がずらりと並んでいることだ。新聞社、銀行、エアランゲンの電気・水・ガスを供給するインフラ供給会社。それからこの村には研究所や新興企業を育成するビジネス・インキュベーター（孵化器の意。4章で詳述）があるのだが、そこから飛びだし、そのすぐそばに自社ビルを建てたＩＴ企業やフラウンホーファー研究所、ま

地元企業の広告が並ぶサッカーグラウンド

た日本でも知られている文具品のシュテットラー社の広告も目につく。同社はニュルンベルクの企業であるが、位置的には村のすぐ近くにある。スポーツばかりではない。市街では歴史的建造物が数多く「現役」で使われているが、老朽化で修理が必要になると寄付プロジェクトが立てられる。一般からの寄付ももちろんあるが、地元企業が寄付するケースも多い。地元企業が地元のスポーツや歴史的建造物、ひいては景観を支えている姿が浮かぶ。

こうした姿勢は1000年祭でも発揮された。日本でも大型イベントでは地元企業の協賛などが行われるが、面白いのは、役所内の記念年プロジェクト・オフィスが企業の地元志向をうまく引き出したことである。企業によっては「ウチが出さないわけにはいかない」という義務感で出したところもあったが、結果的には800の企業に頼んで、300社がスポンサーになった。記念年の予算は140万ユーロ（1億4000万円相当）だが、そのうち80万ユーロ（8000万円相当）は地元企業からの支援で得た。

歴史的建造物の改修のために寄付を求める広告

このプロジェクト・オフィスのトップに就いたのが外部の専門家ピエレ・ライヒ氏。同氏はニュルンベルク在住の人物で、多くの文化プロジェクトに関わってきた。「お金をもらって、はい終わりという風にはしたくない」と、アフターケアを大切にするのが基本方針だ。あくまでも行政が中心になる1000年祭だが、きちんとスポンサー担当者を設けた。

具体的には、記念年の催しなどへの招待や情報を優先的に送り、州首相と連邦内務大臣が出席した開会式にはスポンサーたちにもスポンサリングの金額に応じてセレモニー会場にきちんと座席をつくった。ライヒ氏によると、スポンサリングをしても「名前は出さなくていい」という人も結構いるそうだが、こういうときにはやはりやって来るし、きちんとした席に座りたがるという。一見当たり前のことだが、細やかな対応を行った。これが奏功した。

文化プログラムの専門家、ピエレ・ライヒ氏

記念年にはいくつかの大規模な催しがあったが、その中に市街全体を会場にした大掛かりな文化イベントが行われた。それに先立ち記者会見が行われたが、その会見は大きなスポンサーの一つ、ニールスベルガー社で行われた。市街から少し離れたところに社屋があるが、エアランゲンをはじめ周辺地域のメディアが続々とやって来る。報道用の撮影には市長や同社の社長らが仲良くおさまる。経営者にとって名誉欲のようなものをくすぐるのは必至だ。

また記念年は「常連スポンサー」以外の企業の参加も促した。記念年に合わせて歴史的な建造物や場所に巨大な虫ピンを立てるというプロジェクトが行われた。地図に目印のために虫ピンを刺すことがあるが、それに見立てたものだ。プラスチック素材を扱うレハウ社が名乗りをあげ、10万ユーロ（1000万円相当）を支出した。巨大な虫ピンのそばには建物や場所の歴史的由来などが書かれたプレートが地面に埋め込まれ、説明文の下には同社のロゴが入っている。同社はこれまでエアランゲンでは文化支援に名前が出てくることのない企業だった。この「歴史虫ピン」は記念年の終わりと同時に撤去される予定だったが、好評につき、残されることになった。

街の歴史的な場所を示す巨大な虫ピン

今でも街のあちらこちらに巨大な虫ピンが立っている。ライヒ氏は「スポンサーも気持ちよく参加してくれた。しかも小さな企業もお金を出してくれた。想像以上の額だ。企業と行政の距離も近くなった」と振り返る。1000年記念は市民の街に対する愛着を高めたが、企業にとっても地元志向を強めさせたといえよう。

◇企業の寄付で運営される小劇場

ドイツの社会・政治風刺のお笑い、「カバレット」はもともとフランスの「キャバレー」が20世紀初頭にドイツに入ってきたものだが、ムーランルージュのようなダンスやコメディショーではなく、風刺が前面に出た。その性格上、「政治の季節」ともいえる70年代や東西ドイツが統一を経た90年代など、政治状況によって盛んになる傾向がある。そして各地に「ご当地カバレティスト」がいる。

エアランゲンにはフェライン（非営利法人）のかたちで運営しているカバレットの専用劇場「フィフティ・フィフティ」がある。法人の代表を務めるのがアンドレアス・ビューラー氏。70年代初めに活動していたロックバンド「ウィンド」で、同氏はベーシストとして活躍したロッカーだった。年代的にいえば「ロックおやじ」ともいうべき世代で、キャラクターも生き方も「ロック」だ。「止まるのが嫌いで、計算できる範囲のリスクを負う勇気を持って、どんどん動くべきだと考えている」と言う「ロックおやじ」のビューラー氏が同劇場の運営に関わったのは、エアランゲンのカバレティスト、クラウス・カール＝クラウス氏が専用劇場の設立を考えたことが発端。ビューラー氏は出資者の1人だった。同氏のキャラクターとカバレットの性質を考えると、違和感のない組み合わせだ。結局、非営利法人の代表を務めることになっ

カバレット専用劇場フィフティ・フィフティ

た。

座席数は170席。テーブルと椅子が並び、食事や飲み物とともに舞台を楽しめる。エアランゲンから約200キロ離れたミュンヘンなど、遠方からの常連客も少なくないが、エアランゲン周辺を指すフランケン地方の出演者に人気があり、地方色が強い。2004年には創立15周年を迎えたが、経営的には楽ではない。そもそも小劇場は座席数も限られており、その運営は非常に難しい。「もう少しマネジメントは楽だと思ったがね」とビューラー氏は苦笑いしつつもその才覚やボランティアスタッフの協力で切り抜けている。さらに資金的には、同劇場は市からの補助金もあるが、地元企業からの寄付が一つの支えになっている。同劇場の通路や階段脇の壁にはその年ごとの支援企業の名前が額縁に入れて顕彰してある。ともあれ、地元の力で成り立っている小劇場といえるだろう。

◈地産地消のパン製造会社

ドイツといえば数多くの種類のパンがあり、パン屋さんは身近なお店だ。エアランゲンには同市および周辺都市で120以上の直営店を経営するパン製造販売会社デア・ベック社がある。1889年創業の同社はテンネンロエ村のパン屋さんだった。1978年からシーグフリード・ベック氏と夫人のペトラ氏が経営に取り組み、80年代より店舗展開を開始。工場をつくり、「村の

地域に深いまなざしを注ぐデア・ベック本社

パン屋さん」から「パン製造販売会社」へ変貌する。味の良さ、種類の多さ、そして顧客重視という経営方針によって急成長を遂げる。ユーロ圏で成長率の高い企業５００社のうちの一つにランキングされたこともある。ドイツは「サービス砂漠」といわれることがあるが、日本の感覚からすると愛想の悪い店員は今も結構いる。そんな国で顧客重視ということをきちんと経営に反映させたことは、地方の企業としては先駆的だと見るべきだろう。

そんな同社も地域へのさまざまな支援を行っている。テンネンロエ村の地域のサッカーチームへの支援を行っているほか、子供を対象にした福祉活動もしている。先述のカバレット専用劇場へも支援している。歴史的建造物への改修プロジェクトに対しても寄付を行う。経営責任者のペトラ・ベック氏は「すべての活動は店舗のある地方のためです」と言いきる。そして「世界中に貧しいところが多いですが、当社程度の規模の会社ができることは周囲の貧しいところを豊かにすることです」と続ける。同社の文化への関わりも興味深い。「各種支援は、企業の社会的責任として当然」（ペトラ氏）。

地元志向は生産の中にも組み込まれている。パンの材料もできるだけ同地域から買う。２００

6年3月付の同社環境レポートによると、原料になる酪農製品の60％、砂糖の70％、小麦粉やライ麦粉は100％、エアランゲン産のものを使っている。「地方から地方へという流れです」と、地産地消を進める。

◈グローバル企業の地元志向

ドイツの人々にとってパンは身近な食べ物だ。それを考えるとデア・ベック社の地元志向は理解しやすい面もある。ところがグローバル企業のシーメンス社もそういった志向を持っている。エアランゲンは同社の一拠点であるが、何かといえば文化の分野でその名前を目にする。エアランゲンはドイツでも先駆的な環境都市の一つで、70年代から自転車道の整備が始まったが、市からの要請で社内の敷地に社員用の自転車置き場を増設するなどの協力も行っている。グローバル企業でありながら、拠点の「地元」にきちんと向いている。

面白いのは、同社が地元でアートフェスティバルの類を企画するケースもあることだろう。エアランゲンと隣接しあうニュルンベルク、フュルトの3都市の劇場などと共同で「タンツラウム」という舞踊フェスティバルを1998年と2001年に開催している。タンツラウムとは直訳すれば「ダンス空間」。その名のとおり、3都市をダンスの空間に見立てたものといえる。1998年11月に初めて行われたが、10日間の期間中、ドイツ国内から延べ約5000人の観客がやって来た。ここで上演された演目はコンテンポラリー・ダンスと呼ばれるもので、直訳すると「現代のダンス」だ。明確な定義はなく、自由な発想でつくられるものだが、バレエなどの古典から積み上げられてきた要素が強いものが多く見られ、アーティストもバレエの技術を習得している者が多い。いずれにせよ、ミュージカルなどの商業ベースにはのりにくい芸術に観客数延べ５０００人という数字は多いといえるだろう。また、マスコミや専門家の評価も高かった。これらを受けて２００１年にも行われた。

舞踊フェスティバル「タンツラウム」。電車の中でのパフォーマンス(1998年)

同フェスティバルほど大規模ではないが、シーメンス社は工場を使った「クンスト・ヴェルク」という芸術プログラムをニュルンベルクで行っていたこともあった。プログラムの主役はアーティストと同社のモーター工場だ。２００１年以降は行われていないようだが、発端は１９９６年まで遡る。この年、品質保証の国際規格ＩＳＯ９０００をテーマに、同モーター工場でジャズのパフォーマンスが行われ、好評を博した。それを受けてアートプロジェクトとして組織したかたちだ。このプログラムは一定期間、アーティストが滞在して作品をつくる「アーティスト・

イン・レジデンス」というスタイルのプログラムだ。これはアートプログラムの一つの手法として近年日本でも行われている。アーティストの決定には、独・英・仏の3ヶ国語でインターネット、新聞などを通じて公募したほか、このプログラムを組織したシーメンス社の専門部署のスタッフ個人のネットワークからも検討された。

私が取材した99年の場合は20ヶ国、約150人の応募があり、ニューヨークの作曲家、アニー・ゴスフィールド氏が選ばれた。ゴスフィールド氏は工場の現場や従業員たちを作品に反映したいと創作プランを提示。プログラムの思惑と一致した。滞在費、公演制作費などがゴスフィールド氏に提供され、同氏は1ヶ月間、ニュルンベルクに滞在し、この工場の音を中心に街の音を採集。それをコンピュータで処理し、作品に仕立てあげた。最後には工場でサウンド・パフォーマンスのライブが行われた。7月の青空がつきぬける季節、業務が終わっているはずの夕方から工場に聴衆が三々五々集まって来る。地元のテレビやジャーナリストもやって来た。ライブではギターやドラムなど地元のミュージシャンも加わって合

工場や街の音を素材に作品化したニューヨークのアーティスト、アニー・ゴスフィールド氏（右）

計4人で演奏。採集・加工した機械ノイズを中心に緩急さまざまなリズムを紡ぎ出した。途中、工場の従業員が巨大なゴングをクレーンを使って舞台まで運ぶシーンもあり、視覚的にも面白い演出がなされる。最後は工場の終業ブザーで幕を閉じた。

◈経済の目的は成長ではなく手段

舞踊フェスティバルや工場でのアートプログラムを組織したのはシーメンス社だが、それを担当している部署がシーメンス・アーツプログラム部（ミュンヘン）である。1987年に「シーメンス文化プログラム」としてつくられた同部署は取締役会の直轄。つまり経営の根幹部分に関連する部署だ。企業と芸術というと、メセナ（文化支援）を思いおこす人も多いかもしれない。企業の文化支援は最終的に広告やパブリックイメージの上昇といったところに収斂される。同社もいわゆるカネを出すメセナも広告費名目で多数行っているし、文化関係の財団を持っている。それに対してアーツプログラム部は直接芸術を扱う。アートフェスティバルなどその数や規模、質はかなり高く、芸術方面の各分野に精通した専門家が顔を並べるアートプロデューサー集団だ。そして「広告的支援」とは社内でも分けられており、一種の投資だという。もちろん企業がアートを扱うときの限界もある。ときには会社の経営方針に企画内容を合わせることもあるし、アーティストの自由をなくすのではないかという批判もある。ともあれ同部署の責任者、ミヒャエル・ロスナグル氏は同部署を研究室のようなものだと位置づける。文化的側面から企業のアイデンティティを探すためのもので、CI（コーポレート・アイデンティティ）の一種といったところだろう。芸術の創造性にイノベーション（革新）の潜在力を見出し、それを経営の根幹部分に埋め込むことで組織のイノベーション体質を実現しようというわけだ。

一方、社外に対しては企業の社会的責任という役割を果たす。その対象は会社が立地している地域である。これはドイツ国外の拠点も例外ではない。同部署のカロリン・ティム氏は「企業は自らの利益を生み出してくれる場所には何らかのお返しをしなければならない」と言う。アーツプログラム部による文化プロジェクトは社会的期待に応えるためだという。こういった企業の考え方は、欧州の歴史を顧みれば、財産や権力、社会的地位を持つものには責任があるという「ノブレス・オブリージュ（貴族の義務）」の考え方がある。これが現代の企業経営に社会的責任として継承されているのであろうが、企業にとって具体的な社会とは事業拠点の「地域社会」なのだ。30年以上にわたりメセナ活動を行っている銀行「シュパーカッセ・エアランゲン」も「地域やエアランゲンという場所の魅力、クオリティ・オブ・ライフを高めるため」と言いきる。

地元志向は新興企業にも見られる。レーザー技術のウェーブ・ライト社は１９９６年にエアランゲンで創業。毎年、会社の門戸を開くオープンドア・イベント（6章で詳述）を行っている。これはマーケティングの一環でもあるが、世界的に展開している企業でありながらも、立地拠点、

ウェーブ・ライト社。世界展開する新興企業も地元へのまなざしが強い

すなわち地域社会との関係性を重視しているのだ。

また少し目を転じると、ドイツは「社会的市場経済」という体制をとっている。ドイツは自由経済が保障された国ではあるが、市場が自然に社会を統一していくというレセフェア（自由市場）とは異なり、基本的に社会が経済システムをコントロールすべきという考え方をとっている。この言葉はドイツ独特の用語で、１９４７年に西ドイツ初代経済次官ミュラー・アルマックによってつくられた。そのため、この用語については戦後の国際政治の様子なども考察する必要があるのだが、いずれにせよ、国内の政治や言論の中にしっかりと染みついている。２０００年ごろから経済のグローバル化に伴い、ドイツにも自由市場的なものが企業経営などに影響し始めた。しかし、新聞などでは「経済は成長が目的ではなく、人間の生活のための手段だ」といった論調で「社会的」の部分を意識した記事がしばしば展開されてきた。

社会が経済システムをコントロールすべきという考え方を裏返せば、企業とはそもそも社会的な存在であるという了解が、この国の経済体制にも組み込まれているといえるのではないか。

3 独立性の高い自治を遂行する行政マン

◈日本の公務員とは大違い?

街の経済的な強さや生活空間としての愉しさ、独自性をつくりだしているのは、自治の力も大きい。市が行う記者会見に足を運んだり、取材のために市役所を訪ねたりしていると、役所内の様子も次第にわかってくるのだが、定年退職などを除くとその顔ぶれにほとんど変化がないのが特徴だ。記者会見の会場や庁舎での行政マンの雰囲気といえば、自分が所属する部局のミッション(使命)に対して、ひたむきに仕事をしている印象がある。ドイツの地方自治体の公務員制度は州によって少しずつ異なるが、エアランゲンの様子を見ていると専門家集団という色合いが濃い。もちろん日本の行政マンにも仕事熱心な人はいる。しかし異動が多いため、ミッションに対する見識と実力や人脈ができるまでの時間が足りない。異動の多さは公務員同士の部局を超えた密接なネットワークがつくれるということもあるが、外部の専門家に対しては「勉強させていただきます」という姿勢になることも少なくない。したがって「ひたむきさ」にも両国では違いがある。

環境局(正式名:環境保全とエネルギー問題局)を見てみよう。エアランゲンはドイツでも先

環境局のユルゲン・セーベルガー博士（右）と市の「法務・環境大臣」に当たるマレーネ・ヴュストナー氏（左）

駆的な環境都市の一つだが、１９８５年に環境局ができた当時は、西ドイツ国内で環境局を設置する自治体が出始めた最初の時期で、連邦政府の環境省はこの1年後の１９８６年にできている。同局でエネルギー問題と気候温暖化を担当しているユルゲン・セーベルガー博士は近隣自治体などとの共同プロジェクトでもひときわ存在感がある。プレゼンテーションを度々聴くことがあるが、データをもとにした迫力ある話しぶりで、専門家としての矜持がうかがえる。我々報道関係者への情報提供も頻繁だ。そのほかのスタッフも実生活で環境に配慮したライフスタイルを積極的にとっている人たちがいるし、緑の党の党員という人もいる。ドイツは環境先進国といわれるが、地方のこういった公務員の質も影響しているように思えてならない。

文化余暇局でも同様だ。ある女性職員は社会学や政治学、教育学を学んだのち、すぐに社会文化のプロジェクトなどに取り組んできた。その後、市の文化分野の開発を担当している。また市の文化フェスティバルの責任者として活躍するある男性は、もともと大学で文化関係の専門学部で学び、学生主体で行われるフェスティバルのスタッフだった。やはり専門家が専門の仕事をしている様子がよくわかる。

◈行政を担う専門家集団

日本との対比でいえば、専門家集団という色合いが強いドイツのお役所だが、博士号の所持者が多いのも特徴だろう。一般に仕事の現場では学歴云々よりもコミュニケーションの能力や仕事に対する意欲などが重要という側面もあるが、博士論文を1本書くということは物事を知識化して体系的に考える力が要求される。こういう知的能力を持つ人材がそれなりにいるということは、行政の組織文化に影響があると思われる。専門家と博士という組み合わせは行政組織の運営をより体系的・機能的に把握することにつながっているのではないだろうか。ちなみにエアランゲンの行政組織表を見ると、市長から局長クラス、部長クラス、主要プロジェクトの責任者らの名前があるほか、関連組織の責任者も入れて総勢100人。この100人が市の管理・運営の主要人物たちということになる。この表によると、博士号の取得者は11人。一般企業で管理職100人のうち11%が博士といえば結構な数である。

一方、専門家集団という行政組織ではどのようなことが起こるのだろうか。2005年にニュルンベルク市で環境局を建築・都市計画の部署に合併させようという案が出たことがある。それに対して地元の緑の党が反発し、これを受けるかたちでミュンヘンの環境担当責任者がニュルンベルクで話をするという機会があった。この話には政治と行政の役割や機能に対する認識がよく出ていた。話の方向としては、環境局は独立させておくべきというものだが、見るべきはその理由にある。

まずは部署を残して政治的な議論が起こりやすいかたちにしておくべきだという。なぜなら環境問題とは生活の質や価値観が大いに関連してくる分野だからだ。それから合併することによって建築・都市計画の仕事が中心になり、環境はおまけのようになってしまう可能性があるという点である。そもそも環境と都市計画はぶつかる部分も多いが、この摩擦が間接的にチェック機能を果たしているというのだ。この一件は環境問題という分野が持つ特徴も勘案せねばならないが、それにしても部局を分離させておくことは構造的に議論やチェック機能が生じるという考え方があるわけだ。これは各部署が専門家集団であるということが前提にあるように思える。

◈自治体の「局長」は「大臣」

エアランゲンの自治体組織構造でいうと、大きく七つの部署に分かれている（表1）。市長室があって第1局から第6局まで。副市長は2人いるが、この2人はそれぞれ第1局と第5局の責任者を兼ねている。

ちなみに本書では「副市長」としたが、ドイツ語では「ビュルガーマイスター」といい、一般

表1　エアランゲンの主な部署と担当分野

部署名	担当分野
市長室	
第1局	中央管理部門、学校とスポーツ、火災・防災
第2局	経済と財務
第3局	法律、秩序、環境保全
第4局	文化、青少年と余暇
第5局	社会福祉
第6局	都市計画と建築土木

に市長と訳されるものである。バイエルン州の場合、一定の規模以上の自治体はビュルガーマイスター（市長）とオーバー・ビュルガーマイスター（最上級市長）をおくことになっている。エアランゲンも本書で「市長」と訳しているのは最上級市長のことを指している。

話を自治体組織構造に戻そう。各局の責任者たちは局長ということになるが、副市長以外の4人はいずれも職業としての市会議員である。市会議員は名誉職として無報酬というケースもあるためわざわざ職業として市会議員に就いていることが明記されているわけだ。そして、とりわけ市長が首相であるならば、局長たちは事実上の大臣といった存在になり、日本とはかなり異なる。

たとえば年末になると、市役所の一室で報道陣を前に年間の市政の動きや成果を改めて概観する記者会見がある。ここには市長や各担当責任者が一堂に会する。さながら首相と各大臣による年次報告という雰囲気だ。ある年の暮れの様子を紹介しよう。記者会見は通常、翌日の新聞への掲載を考えて、午前11時から12時ごろに始まることが多い。昼前に市役所前にテレビ局の自動車などが到着する。会場は街が一望できる部屋。

集まった報道陣は地元紙のほか、ラジオやテレビ局など、5、6のメディアといったところだ。市長の両脇に2人の副市長、そして広報責任者、経済、文化、社会福祉、環境など主な局長クラス、つまり「文化大臣」や「環境大臣」らがずらりと並ぶ。そして市長がその年の街の動きの概略を話し、その後、各担当「大臣」が分野ごとに動きを紹介する。その様子は「株式会社エアランゲン」の取締役会か、あるいは経営報告会のように見えてくる。市長が各「大臣」に報告の発言を促す際も「じゃあ次、営業取締役部長、今年の動きを報告してくれたまえ」といった様子だ。

市の「文化大臣」、ディーター・ロスマイスル博士

一般に一国の大臣といえば、報道の対象になり、マスコミに登場するなど存在感も大きい。エアランゲンの「大臣」たちもそういう存在である。たとえば第4局の局長ディーター・ロスマイスル博士は文化・青少年と余暇の責任者であり、事実上の「文化大臣」である。同博士は歴史・政治学・ドイツ文学を学び、ギムナジウムの先生として働いていた。同時に長年ニュルンベルクの市会議員をしており、教育、文化、経済といった分野に注力していた。当初は先生が議員をしているといった感じだったそうだが、そのうち「議員が生活のために先生をしている」という風に逆転してしまった。エアランゲンの「文化大臣」に就任したのは２０００年。前任者の定年退職を受けて、市は「文化大臣」を公募した。ロスマイスル博士はこれに応募。同博士は１９７３

年からSPD（ドイツ社会民主党）の党員だが、それに対してエアランゲンの与党はCSU（キリスト教社会同盟）である。それにもかかわらず、エアランゲンの議会で50名のうち42名の支持を得て就任にいたった。就任時には党主催の講演会が行われ、文化行政についての指針を話している。ちなみに同博士の前任の「文化大臣」は文学作家で、やはり文化に造詣が深い専門家だった。

「大臣」は政党内など限られたところで知られているだけではない。同氏が就任したときはやはり地元の新聞に登場しているし、ことあるごとに取材を受けている。そのせいか、市民の間でもよく知られている。たとえばこんなことがあった。市内で文化関係の催しがあり、会期中にクラブイベント形式のパーティが行われた。会場では余興にクイズが行われた。「街の文化担当者は誰でしょう？」と司会者。この問題設定にもまず驚かされるが、客席から挙手する人が結構いることも驚きだ。「はい、じゃああなた」と司会者に指名された人がロスマイスル博士の名前をさらりと答える。「はい、正解です」というと、本当に同博士が舞台に登場する。そして司会者が短いインタビューをするという趣向であった。先ほどから「文化大臣」とカギカッコつきで書いているが、日本の自治体でいえば局長クラスである。日本で「わが市の文化局の局長は誰でしょうか」という問題がイベントに登場するということはまずないだろう。

◈都市運営に欠かせない戦略と戦術

エアランゲンの様子から、局長に相当するポストが政治的存在であることがうかがえるが、こういう構造は自治にどういう影響があるのだろうか。日本との比較でいえば、ドイツの方が戦略的な自治になる傾向があるといえるかもしれない。日本で「政治家」といえば永田町での様子から良いイメージを持たない人も少なくない。特に「政治屋」と呼ばれると、「狡知《こうち》に長《た》けてる」「かけひきのプロ」といった印象が伴い、胡散《うさん》くさい。ドイツでも程度の差こそあれ、政治家というのは弁が立って、口がうまいといったようなイメージもある。しかし、そもそも政治とは、国なり自治体なりを運営していくための戦略構想を練り、政策に結実していくものだ。それに対する行政は政策に基づき、運営の実務を担っていくわけだから、戦術部門ということになろうか。そう考えると、ドイツの場合、戦術部門で専門家がぐいぐいと実行し、政治的存在である局長クラスは戦略立案を担っているといえるのではないだろうか。

また「大臣」たちは自分の職業に誇りと使命感を持っていることが見えてくることもしばしばある。数年前、フュルト市の文化担当者が亡くなったときには「私の葬儀にバラを捧げるよりも、そのお金を文化のためにまわしてほしい」という遺言を残していった。日本に目を転じると、公務員の中には5年先、10年先を見据えて奮闘している人はいるが、なにぶん役所内での軋轢も相当あり、その腐心ぶりは並大抵ではない。そのうえ制度的にいえば、大臣のような政治的な存在ではなく、あくまでも黒子だ。苦労してつくった仕組みなども、人事異動があれば、残った書類に従って「大過なく」運営されるだけになってしまう可能性が高い。

さらに市長の役割も大きい。バイエルン州の場合、市議会の議長であり、市の代表、そして行政の長である。1人の人間が連邦の総理大臣と大統領、連邦議会の議長をしているようなもので大変強い立場にある。それゆえ「一つの街の歴史すら変えることができる。つまりまちづくりが本当にできるということだ」(エアランゲン市長、バライス博士)。

ドイツ語で行政のことを「Verwaltung(フェルヴァルトゥング)」というが、一般に「管理」という意味で、日本語では文脈に応じて「行政」とか「管理部門」などと訳されている。この言葉をもう少し解きほぐすと、「(都市の)維持を(市民の)代理で行う」といった意味合いがあって、都市が発達した中世から見られる言葉だ。都市とは壁に囲まれた人工空間であり、わかりやすくいえば大きな鍋の中に人が住んでいるようなものだ。このような生存空間を運営していくには戦略(政治)と戦術(行政)が大切になってくるのも当然のように思える。こういった事情が「維持の代理人」、すなわち行政マンを専門家集団にしていった一つの背景のように思われてならない。

4 市民をつなぐ装置「フェライン」

街の中には漠然と人がいるわけではなく、さまざまなつながりを持っている。メセナ（文化支援）などの例から、いわゆる「名士」たちの街への関わりがあり、そこでの人間関係も紹介したが、一般の市民たちの関係性をつくる装置も街の中にある。

◈ドイツのＮＰＯ

中世の時代は職業や教会が人々をつなぐ中心的な役割を担っていたが、近代以降は「協会」が大きな役割を果たしている。教会と協会とは駄洒落のようだが、協会のことをドイツ語で「フェライン（Verein）」という。ドイツでは地域に根ざしたスポーツクラブがたくさんあるが、これもフェラインのことである。フェラインは「協会」以外に「クラブ」「社団」といった定訳が与えられるが、今の日本の感覚でいえばＮＰＯを思い浮かべると理解しやすい。そのため本書ではフェライン（非営利法人）と書いている。

さて「ドイツ・フェラインと団体協会」によると、組織の名前の後ろにe.V.とつく登録フェラインの数はドイツ全国で59万４２７７（２００５年）ある。２００７年の段階で日本のＮＰＯは約３万４０００。日本でＮＰＯの法律（特定非営利活動促進法）が成立したのが１９９８年だから、ドイツと数を比較しても仕方がないのだが、「桁違い」とはこのことだ。分野はスポーツ（38%）が圧倒的に多く、「余暇／故郷保護／しきたりの保護」（18%）、「社会／福祉／地域／支援開発」（13%）と続く（図1）。フェラインはドイツの人にとって実に身近なのだ。経営基盤がしっかりしたフェラインは、新聞に求人広告を出すこともある。ちなみにエアランゲンには５５０のフェラインがある。そのうち文化とスポーツが最も多く、各１００程度ある。

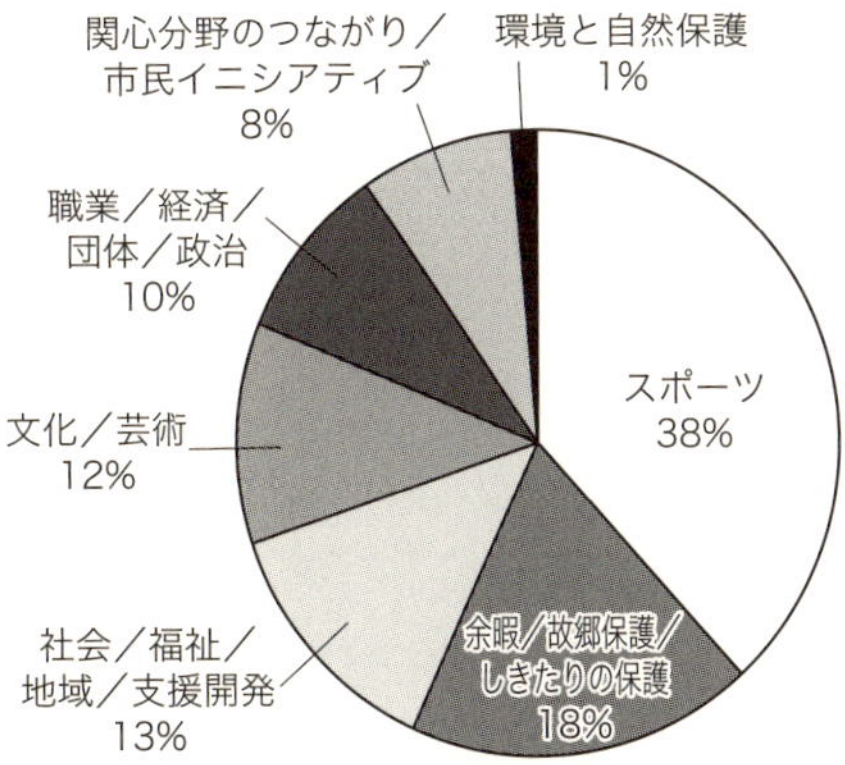

図１　フェラインの分野別割合（2005年）

　フェラインは、人が集まって何かしようといったときに、真っ先に思いつく方法でもある。数年前に太陽エネルギー促進のフェラインをつくった教授がエアランゲンにいるが、「テニスが好きな人はテニスのフェラインをつくる。それと同じですよ」と屈託がない。口の悪い人に言わせると、「え、フェライン？　あんなもの、『俺たちビール好き。だからビール・フェラインをつくろう』『俺たちはワインが好き。だからワイン・フェラインをつくろう』というようなものだよ」と笑う。フェラインが同好の士の集まりであるという感覚がうまく出ている話だ。

　また、私は何らかのフェラインの催しを取材することがあるが、まったく別のところでの知り合いにばったり会い、「この人もメンバーだったのか」と驚きながら挨拶を交わすようなことが結構ある。「市民」たちが仕事以外の人間関係を具体的に築く場がフェラインであることがよくわかる。

19世紀から続くスポーツのフェライン

◈18世紀から続く街の担い手

フェラインの歴史は実に古い。18世紀後半から各地で生まれ、19世紀には加速がかかり、読書、歴史、美術、合唱など多種多様なフェラインが誕生する。とりわけスポーツのフェラインは多かったようで、現在も同傾向にある。

フェラインは身分や立場を超えた同好の士の集まりだが、仲間の呼び方からもそれがわかる。ドイツ語の二人称には「おまえ（Du《ドゥ》）」という親称と「あなた（Sie《ジ》）」という社交称がある。条件にもよるが、一般に「あなた」から「おまえ」になるのは結構時間がかかる。だが、スポーツのフェラインなどでは、はじめて会ったその日から「おまえ」で呼びあうのが普通のようだ。フェラインでは誰もが並列関係になるということがうかがえる。

エアランゲンの1000年祭に合わせて行われた「ビュルガーフェスト（市民祭り）」のパレー

ドは市の伝統行事や組織の始まりを示す時代絵巻であったが、さしずめそれは市内のフェラインのパレードでもあった。アマチュア無線、社交ダンス、自転車、女性と文化、歴史、イタリア・ドイツ友好、フィリピン・ドイツ友好、民族舞踊……ありとあらゆるフェラインが並ぶ。このパレードに参加したフェラインにはここ20～30年にできたものばかりではない。１８４８年に設立されたスポーツ・クラブなど歴史あるものも並ぶ。

太陽エネルギー促進のフェラインのアイデアが採用された市の環境年の目玉イベント

日本ではＮＰＯが「市民社会」の一つの要として論じられる。環境問題などはそのわかりやすい例だろう。ドイツには「緑の党」をはじめ環境先進国にした「役者」がたくさんいるが、地方を見るとフェラインの存在が大きい。たとえばエアランゲンは２００７年を「環境年」として、さまざまな事業を行ったが、その中の目玉イベントとして、大きな氷の塊が入った小屋が街の中心に2軒建てられた。そのうちの一つは、断熱性の高い省エネハウス仕様で、どちらの氷が先に融けるかを皆で見てみようというわけだ。このアイデアは、先述の太陽エネルギー促進のフェラインの代表、マルティン・フントハウゼン氏によるものだった。また、エアランゲンでは小学校など公共の建物の屋

ソーラーカーの説明をするフェライン。先端技術を社会的に広めていく役割もフェラインが担う

根を使った太陽光発電装置の設置プロジェクトが行われ、太陽光の発電量を上げているが、これも同氏が市や議員、金融機関を巻き込んだ格好だ。

同フェラインは比較的新しいが、ソーラーカーのフェラインなどは1985年に生まれている。代表のペーター・マイアー氏によると、エアランゲンおよび周辺で小型のソーラーカーが30〜40台走っているという。実際、道路を走るソーラーカーの雄姿を見かけることがある。新しい価値観や概念を、社会的存在であるフェラインが地域社会の中でイニシアティブをもって実現している様子が浮かんでくる。

◈革新的な若者たちが生み出した社会文化

戦後のフェライン（非営利法人）で特筆すべきは1970年代だろう。このころ「コミュニケーション・センター」と呼ばれる文化施設が各地で登場している。背景には1968年当時学生だった「68年世代」の影響がある。日本でいえば団塊世代と同じような捉え方をすると理解しやすい。彼らの社会的影響力は大きく、1998年から2005年まで首相を務めたシュレーダー

教会は元祖コミュニケーション・センター。今でもコンサート会場などに使われることもある

や、外務大臣だったフィッシャーなどもこの世代だった。とりわけ「緑の党」の党員でもあるフィッシャー氏の経歴はこの世代の代表格だ。若いころは革命家で、タクシーの運転手やポルノの翻訳で糊口《ここう》を凌いでいたこともある。１９８５年にヘッセン州の「環境とエネルギー」大臣になっているが、このとき白いスニーカーで宣誓を行ったため、「運動靴大臣」といわれた。このエピソードはよく知られているが、時代の空気が感じられる話である。彼らは既成の概念や体制に疑問を持ち、自由と民主制、人権尊重、平等といった価値を社会の中で実現しようとした。「緑の党」はそもそも人権問題や反原発といった社会運動から出発しているが、これらが政党に昇華したわけだ。

　こうした全世界的なカウンター・カルチャーやサブカルチャーの潮流の中で、ドイツの面白いところは、コミュニケーションや市民参加などを重視した「社会文化」という概念が確立されたことだろう。各都市で工場跡地などを利用したコミュニケーション・センターといった形で具体化された。もっとも、コミュニティという単位で見ると、昔から共同体の交流の場として教会があった。教会が持つ人をつなぎとめる機能は時代によ

元発電所を利用したコミュニケーション・センター、E−ヴェルク

って濃淡はあるが、それでも現代でも教会には教区ホールがあり、人々は音楽演奏や集会を楽しんでいる。ドイツの人々は30歳、40歳といった節目の年に大きな誕生パーティを行うが、教区ホールを借りて誕生パーティを開く人などもいる。またかつては小さな村でも教会の地下に広いスペースを持つところがあり、ここで若者がディスコ・パーティを開くこともあったというから、コミュニケーション・センターもそうした延長で発達したという見方もできるかもしれない。コミュニティにはそもそも人の交流場所が必要なのだ。

　エアランゲンにも1982年に元発電所を利用したコミュニケーション・センター「E−ヴェルク」ができた。それ以前から市内にはジャズクラブや若者向けのクラブがあったものの、周辺住民からあまり歓迎されていなかった。若者のための集まる場所をつくろうという話が70年代後半に浮上したとき、運営組織のフェラインがまずつくられた。フェラインは有志が集まり、法的に裏づけのある社会的組織にするための「伝統的」な方法である。このころの日本といえば、文化の動きを社会的な組織として立ち上げる術はほとんどなく、アンダーグラウンドな活動を続けるか、経営感覚の強いところは有限会社などにするぐらいしかなかったから、ずいぶん異なる。

コミュニケーション・センター内には劇場、ディスコ、レストランなどがあり、週末は若者で賑わう。そのため若者の文化と娯楽施設というイメージが強いが、写真ラボや陶芸ルームなどもあり、ロック、エレクトリック・ミュージック、社交ダンス、演劇と映画に関するグループなどの拠点となっている。ちなみに日本のスカバンド、東京スカパラダイスオーケストラもヨーロッパツアーのたびに同施設でライブを行っている。今では市にとっても文化の重要拠点だ。２００7年に25周年を迎えたが、このときエアランゲンのＳＰＤ（ドイツ社会民主党）のある議員が「まさに（文化の）宝石のようだ」とその存在を称えている。

◈フェラインの役割

フェラインと一口でいっても、18世紀末に生まれたものはまさに市民文化の勃興に一役買ったと思われるが、19世紀に入ると政治的性格が強まったり、その反省が行われたりと、時代によってその性格も変化していく。１８４８年にはフェラインの法律ができている。当時のドイツでは活発すぎる市民活動、特に政治的性格を持つものが多く、一定の法的な立場を与え、かつ管理しなければ、革命騒ぎになる可能性さえあったというのがドイツにおける法律制定の背景だ。現代の日本には、内閣府に国民生活局市民活動促進課なる「市民活動」を促進するための部署があるが、ドイツとは対照的である。

一方、歴史をなぞると、中世に発達した街の中の人間関係に変化があったことがフェライン興隆の背景になっているようだ。中世には家や宗教、身分といったものが人間関係をつくっていたが、17世紀からの宗教改革は宗教による人々のつながりを変えた。宗教、身分、家制度といったものは、人を縛る「前近代」的な要素とされるが、機能そのものは人同士のつながりを支える装置だった。それらが崩れたとき、代わりになるものが必要になる。それがフェラインだったというわけだ。社会状況を見れば、18世紀末から19世紀にかけては工業化が進み、家長であった夫は家の外にある工場などに勤務することになる。それとともに妻は夫が働いている間の家庭を守るという初期の近代型の核家族ができあがった。加えてフランス革命の影響で身分の解体も進む。

フェラインとは、目的に沿ってメンバーが皆平等になることが大きな機能であるが、裏を返せば、身分や血縁、地縁といった人間関係が意味をなさなくなるということだ。ここで現代の日本を見ると、都市といえば血縁・地縁から離れ、匿名性が高くなるという特性がある。大都会のマンションの一室で老人が亡くなったり、凶悪な事件が起こると、「冷たい都会」「人が孤立してしまう都会」というニュアンスで、都市問題として取り上げられる。ところがドイツの都市は「冷たい都会」になるのではなく、フェラインが赤の他人を結びつける。フェラインとは組織である。血縁や地縁といった所与のものを根拠にしたつながりではなく、個人の意志で参加するものだ。そして組織を出るのも自由である。そのためムラ社会のような縛りがない。

欧州の独自性ということから考えるならば、啓蒙主義がフェラインの人間関係を支えたともいえる。１７８９年のフランス革命は「自由、平等、博愛」を旗印に大きな影響を欧州に及ぼしたが、これは血縁・地縁による人間関係を意識的に切り離す動きでもあった。さらに１００年単位で概観してみると、ドイツの団塊世代ともいえる「68年世代」の動きはフランス革命の市民イデオロギーがもう一度形を変えて社会を揺さぶったようにも見える。

いずれにせよ、ドイツの街で人々がどのような手段で関係を築き、コミュニケーションをとっているのかを見たとき、フェラインが大きな役割を果たしている。

CHAPTER 3

地方分権の骨格

1 自治体の最適規模

◈合併で拡大を目指す日本の自治体

日本の自治体の数は、総務省のサイト「市町村数の変遷と明治・昭和の大合併の特徴」によると、1889（明治22）年には1万5859あった。1953〜61（昭和28〜36）年の間に、それまでの町村数が約三分の一に減った。これは戦後、新制度に基づく中学校の設置・管理のほか、消防・警察、社会福祉、保健衛生といった業務が市町村の事務とされたことが背景にあり、自治体規模を合理的なものにする必要があったためだ。いわゆる昭和の大合併である。

平成の大合併では自治体の数がさらに減る。総務省の2005（平成17）年2月3日付の報道資料によると、2004（平成16）年に3100あった自治体が、翌年1月1日には2869に。2006（平成18）年には2300を切るとしている。実際、2007（平成19）年2月13日には1834にまで減っている。この平成の大合併の目的を一言でいえば、自治体の数を減らすことにあり、これによって国から地方に分配されていた財政支出を減らすということにある。なぜ自治体の数を減らすのか、なぜ合併するのかということについてはいろいろと議論があるが、方向性としては地方分権型の仕組みにしていこうということである。

◈小ぶりなドイツの自治体

ドイツは16の州でできている連邦制の国で、歴史的にも地方分権である。いろいろ問題もあるが、総合的にはうまくいっている。いや、国や地域にはさまざまな要因があって、なるべき姿というものがあると思われるが、ドイツの場合、連邦制がその「なるべき姿」なのかもしれない。

そのドイツの自治体構造は日本に比べると小ぶりなものが多い。ドイツの自治体規模は日本とは異なるのだが、大雑把にいえば、まず州の中に行政管区がある。その中に郡があり、市町村クラスの基礎自治体（郡所属自治体）がある。さらに細かく分類があるが、ここでは省略する。それから郡と並列に郡独立都市と呼ばれる市がある（図1）。バイエルン州の場合、71の郡があり、その中に２０３１の基礎自治体（市町村）が属している。そして25の郡独立都市があり、エアランゲンもその一つである。同市は人口約10万人だが、10万人以上の都市は「大規模都市」とされている。州都であるミュンヘンで１２０万人。ニュルンベルク（約50万人）、アウグスブルク（約26万人）と続くが、あとは10～13万人程度だ。日本で大都市といえば政令都市などの１００万人都市を思い浮かべることを考え

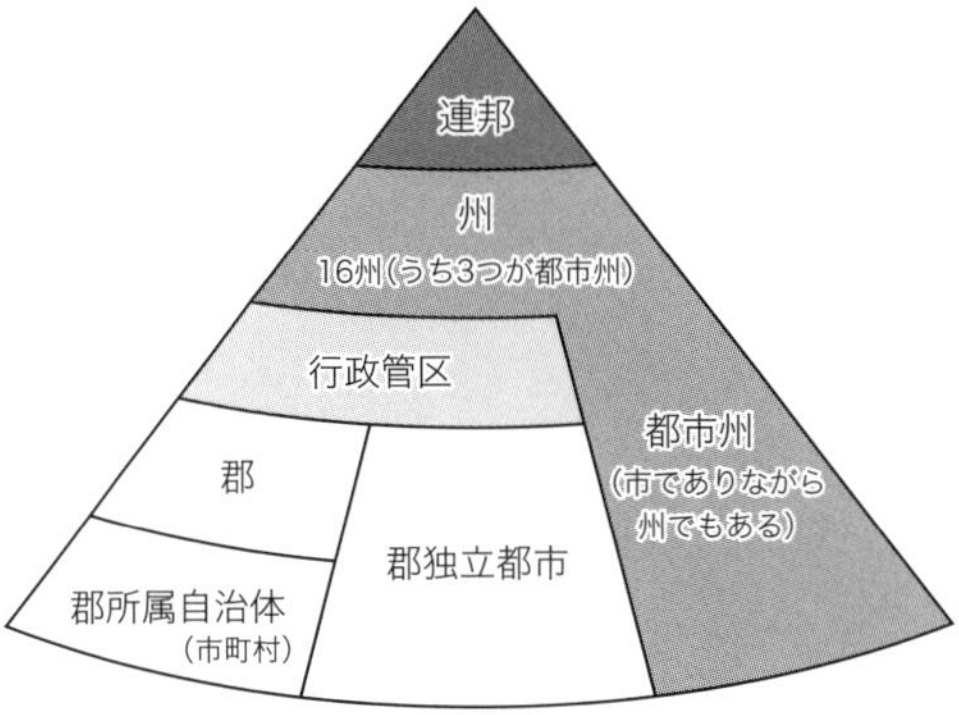

図１　ドイツの自治体構造

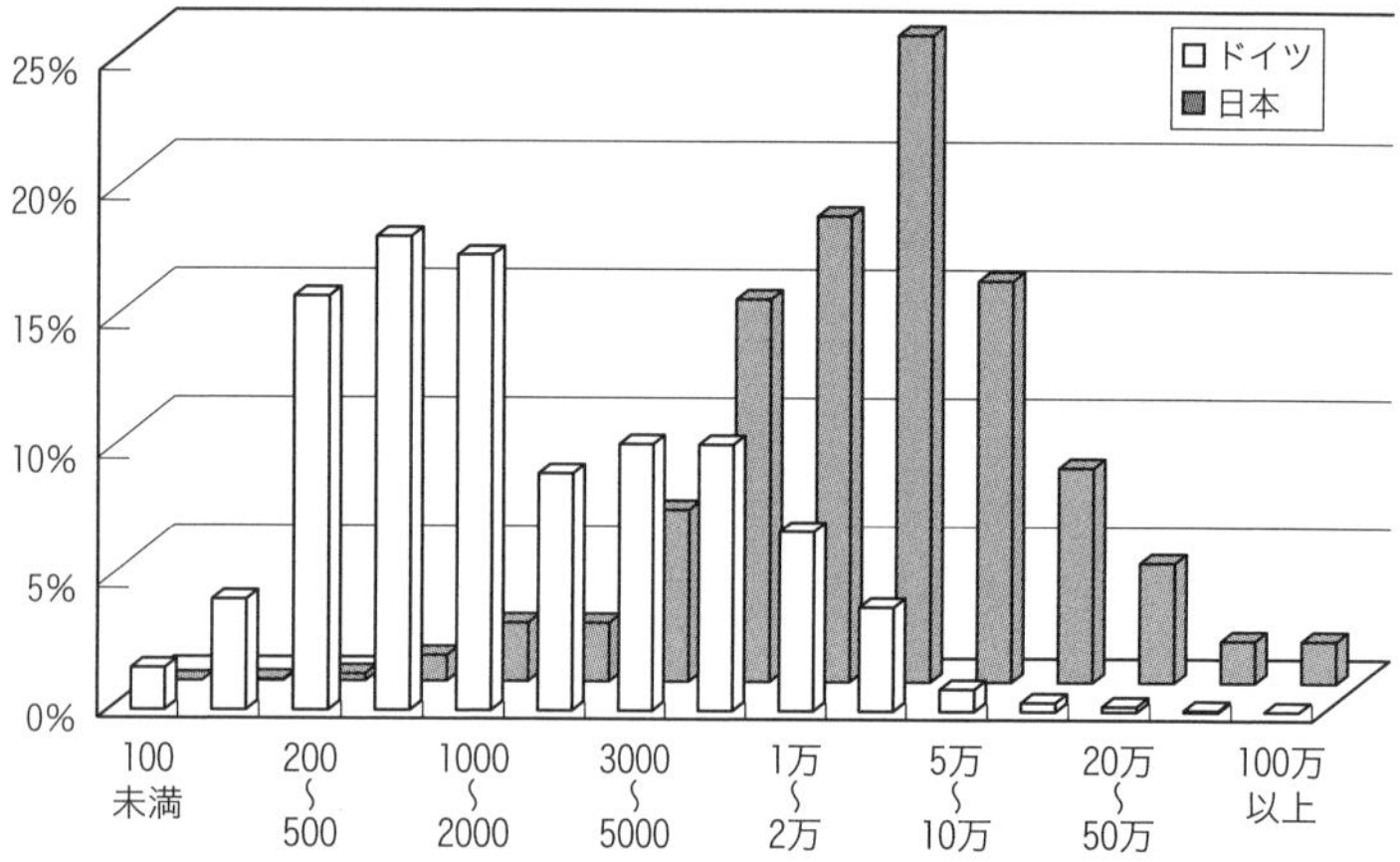

図２　自治体人口規模の分布の日独比較。日本に比べてドイツの方が人口規模の少ない自治体が多い（日本については総務省の市町村人口統計（2006年）を使用しているが、グラフ作成の際、東京都23区は除いている。ちなみに23区の人口は800万人をはるかに超え、「市町村」レベルの自治体として計算すると最多人口の自治体になる）

ると、ちょっと勝手が違う。

ちなみに２００４年の時点でドイツ全体には1万２６２９の自治体があるが、10万人以上の「大規模都市」は82にすぎない。そしてそこに住むのはドイツの全人口の30%程度である。50万人以上の都市といえば12都市。１００万人以上ともなればベルリン、ハンブルク、ミュンヘンの3都市にすぎない。ベルリンとハンブルクにいたっては市でもありながら州でもある「都市州」である。

それに対して日本の自治体数は平成の合併で２０００にも満たなくなった。ちなみに日本もドイツも国土の広さはほぼ同じである。

日本の自治体の様子を見てみると、２００６年の時点で人口10万人以上の自治体は２６０ある。50万人以上の自治体は25もある。人口規模ごとのグラフをつくって日独の比較をすると、ちょうどフタコブラクダのような形になる（図2）。ドイツは200〜2000人ぐらいの規模の自治体が多いが、日本は5000〜5万人ぐらいの都市が最も多い。ドイツは小ぶりの自治体が多いことがよくわかる。それでいて地方分権が成り立っているのだ。

◈都市はどれぐらいの規模が適正か

住んでいる人にとって生活そのものが愉しく、そして経済的にも活力のある自治体をつくるにはどれぐらいの人口規模が最適なのだろうか。5万がいい、いや30万がいい、とさまざまな意見があるが、エアランゲンを見ていると10万人という人口は適正規模ではないかと思える。これぐらいの人口だと人同士の接点が比較的密で、それでいて必要以上に緊密にならない。

日本でも10万人が最適だという意見を聞いたことがある。NHKののど自慢番組は地方をまわるが、10万人以下だと村祭り的になり、逆に都市の規模が大きすぎると一体感が出にくいという。この感じはエアランゲンの文化フェスティバルを見ていると大変納得がいく。10万人ぐらいの街だと市街でフェスティバルのためのポスターやのぼりなどが設えられるだけで、街中にそのフェスティバルの雰囲気が漂う。それでいて、村祭りのような感じでもない。

もちろん自治体の条件というのは人口規模のみならず、地形や政治、経済、歴史などさまざまな要因が複雑に絡みあっている。仮にエアランゲンの地形が山林地域で、面積が実際の3倍ぐらいあるといった状況であれば、やはり一体感を生み出すのは難しく、実際に人々の交流もなかなか大変な面も出てくるだろう。また、エアランゲンの場合、大学やグローバル企業のシーメンス社があるために、ホワイトカラーが多く、市民層のばらつきが少ないことも勘案すべきだろう。

加えて、エアランゲンの強さは、フュルト、ニュルンベルクといった「大規模都市」が隣接しており、密接なネットワークを実現しているということもある。経済や文化の分野などでは共同で取り組むケースも多く、2年ごとに行われる人形を使ったパフォーマンス系の国際フィギュア・フェスティバルは隣接都市と共同で行っている。さらに実務レベルでも共同化を行っている。たとえば行政の業務には、取り扱うデータの整理、決算、ＩＴ関係のメンテナンスなどルーチンワークがあるが、２００５年からそれらをニュルンベルクと共同化した。あるいはエアランゲン周辺3都市が生涯教育に関する事業を共同で取り組んでいる。日本でいわれる合併の長所はスケールメリットだが、エアランゲンを見る限り、合併せずともスケールメリットの見込める部分はどんどん共同化している様子がうかがえる。

もちろん分権型のドイツにも問題はいろいろあって完璧ではない。それでもエアランゲンのような規模の自治体が強いアイデンティティを持ち、経済的にも文化的にも充実した状態を維持・展開している。国の構造を地方分権型にしていこうという場合、自治体規模をただ大きくするだけでは難しいのではないだろうか。

2　鳥瞰図的に街を見る発想

◈鳥の目で見るドイツ、蟻の目で見る日本

ドイツの人々は街や都市についてどういうイメージや捉え方をしているのだろうか。日本で村といえば、里山があり、田んぼが広がる風景を思い出すだろう。そして人々が田んぼで働く様子などが思い浮かぶ。街の姿といえば、近年であれば映画「Ａｌｗａｙｓ三丁目の夕日」（２００５年）で表現された街並みなどは一定の年代以上の人が思い浮かべる一つの典型だ。もっとも、今ではこういった村や街も少なくなったが、それにしても無意識に考えるイメージがあるはずだ。このイメージは思いのほか重要で、地方政治や具体的な取り組みが行われるときに無意識のうちに前提となっているように思える。

以前こんな話を聞いたことがある。日本とドイツの子供たちが砂場で遊んでいて、街をつくろうということになった。日本の子供たちはそれぞれが思い思いに建物などをつくり始めた。一方ドイツの子供はというと、まずは街になる部分を囲み、それから中身をつくったというのだ。まったく「よくできた」話なのだが、それにしても街をどう捉えるかといったときに、鳥瞰図的に街という空間を見ているのがドイツだとすれば、日本は蟻の目で街を見ている。実際、エアラン

ゲンのミュージアムで行われる子供向けのプログラムでは「街」を説明するときに、市壁は必ずといっていいほど登場する。やはり「囲まれた空間」という見方が大前提になっている。

街には市壁がある(エアランゲン市ミュージアム)

◈生命・生活を維持するための空間

鳥瞰図的に空間を見る発想はどこからくるのだろうか。歴史的にいえば、ドイツは壁に囲まれた都市国家として発達してきた。そのため囲まれた特定の空間を管理していく発想は当然出てくるだろう。その昔、ドイツの街の住居にはトイレがなく、おまるで用を足していた。汚物はそのまま道路などへ垂れ流していたのである。人々は汚物のちらばった道を歩くため、靴の上に、さらに厚い木製のサンダルのようなものを履かねばならなかった。閉じられた不衛生な空間で人々の健康状態を保つのは難しい。下水道などはローマの時代から見られるものの、本格的に普及したのは産業と都市の発展が見られる19世紀に入ってからだ。その背景には公衆衛生の概念があった。この概念を育んだのは、中世の「垂れ流し都市」でペストやコレラなどの伝染病が流行したことも大きく影響しているのだろう。

ところで日本の場合、下水道の普及率を「近代化」の指標と捉えていた。そもそも日本には「衛生」という概念はなく、19世紀初頭に都市化によって公衆衛生の概念が医師や衛生の専門家によって紹介された。しかし、行政側が衛生の概念を理解するのはずいぶん難しかったようだ。これは当然といえば当然だ。日独の都市構造の違いを見ると、日本では都市を密閉した空間と捉えることはかなり無理があるように思える。その結果、公衆衛生という概念の理解が薄いまま、下水道整備＝近代化という位置づけがなされてきたのではないだろうか。

さらに日本と異なるのは、ドイツには「シュタットヴェルケ」なるものがある。カタカナ英語でいえば「シティ・ワークス」。直訳すれば「市の工場」といったような意味になる。ガス、電気、水、下水といった主たるインフラを一括して供給する企業で、私は「インフラ供給会社」と訳している。都市ごとに、あるいは地域単位にあり、19世紀の都市の発展とともにインフラを整備するために発達したという流れがある。このインフラ供給会社が生まれたのも、壁の中で人間の生命・生活を維持するためにどうすればよいかという発想が背景にあったといえる

エアランゲン・シュタットヴェルケ。街のインフラを一手に引き受ける

市の「インフラ・エネルギー庁長官」、ヴォルフガング・ゴイス氏

だろう。ドイツでは地域ごとに環境問題への熱心な取り組みがあるが、こういう会社が「街のインフラ」という側面から協力することも一つの原動力になっている。エアランゲンにも市の子会社という形でインフラ供給会社がある。19世紀半ばに設立されたガス供給会社が出発点だ。代表のヴォルフガング・ゴイス氏などはとりわけ街の「インフラ・エネルギー庁長官」といった立場で、市内で初の天然ガススタンドができたときや、環境年の記者会見などでは必ず登場する。

◇都市は万能という信頼

ドイツの都市の歴史を追っていくと、都市は自らの力で発展させなければならない、という意思のようなものが見えるのだが、一方で都市内の問題は都市の中で解決するもので、解決できるものだという意識さえも見てとれる。特に現代に直接つながる都市の興隆は19世紀にまで遡るが、近代には自由・平等に基づく「社会の発展」というお題目がある。常に今よりもより良くなるという進歩史観であり、官僚はこうした考え方をもとに仕事をした。また「官僚」に着目すると、伝統的に階級社会である欧州の場合、社会全体を概観できるエリートで知識人だったことも大き

展覧会「リビングシティ」。都市ソリューションという発想には鳥瞰図的な捉え方がうかがえる

かったといえよう。近年、ハイテク州として発達したバイエルン州にしても、官僚の「夢の徹底的実現」が影響したという指摘もある。

それから、ドイツの地方都市には近代国家の雛形を思わせるものがたくさんある。社会保障なども失業などの都市問題として発生し、その解決策としてつくられた。ドイツはビスマルク時代に年金制度など社会保障が整えられ、その先駆的な国として紹介されることが多いが、実はビスマルクが国家として制度を整える前に都市が独自に発展させてきたという経緯がある。

こうした思考が現代にも引き継がれたように思えるのが、2002年にシーメンス社が自前の施設で行った「リビングシティー生活空間、問題、解決、ビジョン」という展覧会だ。これは2050年の都市のビジョンを打ち出したもので、人が生きる空間として都市はどうあるべきかを包括的に提示したものだ。すなわち、都市人口の増加によってエネルギーや水などのインフラ問題やゴミ問題が発生する。外国人との共存が魅力ともなり、問題点ともなる。また高齢化が進み、ITによって働き方が変わる。ライフスタイルや生活のニーズも変化する。それに伴う文化や芸術、余暇も大切な問題だ。犯罪・テロなどから安全を確保することも必要だ。こうした都市化に伴う問題点を掲げ、その解決策を提示したわけだ。

この展示を行ったシーメンス社は台所の湯沸しポットから原発までつくっている総合電機メーカーで、いわばインフラから個人向けの消費財までカバーができる会社だ。したがって「我々は都市ソリューションを提供できます」というメッセージを含んでいるのはいうまでもないが、都市という空間をあたかも一つの完結した世界のように捉え、その中で生存・生活空間として維持・発展させていくべき課題をうまく抽出している。

◈都市の変遷とともに受け継がれた強い自治意識

都市そのものの発生の歴史を見ると、中世にまで遡る。このころのドイツ全体を見るとまとまりのない状態であったが、教養を持った都市市民が台頭し、都市の中で行政機構が生まれ、都市そのものは発展する。こうした都市の中で裁判が行われ、税金の徴収、紙幣の印刷が行われた。まさに国家のような機能を持ち始めた。

たとえばドイツ南西部のウルム市（バーデン＝ヴュルテンベルク州）は現在人口約11万５０００人の地方都市だが、城壁に囲まれた歴史ある典型的なドイツの都市である。都市が勃興してきた14世紀ごろといえば、王は都市に定住することがなかったので、都市の管理は代理人が行うのが常であった。もっとも、代理人といってもたいてい貴族であるが、ウルムの場合、物流基地として経済的な興隆があったために、市民、具体的には「ツンフト（同業組合）」の力が強かった。この街には手工業者、食肉業者ら17もの職業のツンフトがあったのだ。

ツンフトの結束は大変強く、社会保障に似た互助制度も整えられていた。この中で職業倫理の規範も生まれ、品質の管理には厳しい目が向けられた。品質の悪い商品を売ったりすれば、重い罰が科されたりもした。つまり、ツンフトに属する人々は自己責任と相互扶助で生きていたということであり、そのあり方は近代市民につながるものがある。現代もドイツの社会は職業別のシステムや意識の強さがあるが、実はこのツンフトが源にある。このウルムの街は14世紀の後半になると、都市の自己管理、すなわち自治を行うようになる。その際の議員の構成は40人中30人がツンフトに属する人々だった。

ドナウ川に沿って今も残るウルムの市壁。人々の憩いの場にもなっている

19世紀初頭には都市が力を持ち始める。中世に興隆した都市の強さを現代に引き継いだのが、プロイセンの政治家で改革者でもあったシュタインで、１８０８年に都市自治令をつくる。

シュタインの改革は、中世の職業別の組織であったツンフトを廃止するなど近代化を行うものであったが、都市自治令に関していえば、中世の都市にあった強い自治意識がそのまま国の行政機構の中に公式のものとして位置づけられた。

この法令は当初プロイセンだけが対象であったが、後にバイエルンやヴュルテンベルク、ヴェストファーレンにも広がり、現在につながる自治体の組織構造はビスマルクによって整えられた。ちなみにビスマルクの時代は、近代化のなかで農業中心の小規模の自治体よりも都市の中に産業が興隆してくる。これが一層都市の立場を強くした。中世にも都市同士の同盟は強かったが、19世紀に都市部の力が強まり、「ドイツ都市会議」が1905年にベルリンで誕生する。

3 地方自治体の高い独立意識

◈強い愛州精神は王国時代の名残か

ドイツの街は物理的にもまとまりがよく、また人々の気持ちにも統一感を促すような行為が重ねられているわけだが、もう少し州単位での様子を見てみよう。たとえば2003年の秋にバイエルン州で州議会の選挙が行われた。バイエルンは伝統的に保守政党のCSU（キリスト教社会同盟）の強い州だが、街の中で目を引いたのは同党のポスターだ。当時の州首相エドムント・シュトイバー氏の顔がメインに置かれ、「強いままのバイエルン！」というキャッチフレーズが並ぶ。保守政党のポスターなので、不自然な感じはないが、選挙ポスターひとつを見てもこの手の愛国主義ならぬ、愛州主義はあちらこちらで目につく。ある記者会見でシュトイバー首相が壇上に上がったときなど、隣に座っていた知り合いのドイツ人ジャーナリストが「我々の王様の登場だぜ」と半ば冗談に目配せしながら話しかけてきたことがあるが、まさに王国の感覚がまだ残っているかのような感じがある。日本で県知事を「王様」と比喩することはまずない。

CSUの選挙ポスター「強いままのバイエルン！」(2003年)

　こんなこともある。毎年2月の終わりから3月にかけて「ファッシング」と呼ばれるカーニバルがいろいろな地方で行われる。このとき州ごとにカーニバルのパーティが行われ、テレビ中継される。ざっと見た感じではディナーショーのような設えだが、かつての王国の宴を思わせる。テーブルには州の政治家や著名人が揃う。さしずめ州首相は王様だ。そして歌や伝統的なダンスなどが行われる。道化は「蟻はなぜよく働くか、それは労働組合がないからだ！」といった風に社会や政治を風刺し、人々を笑わせる。

　面白いのは、宴の節目節目に「ジャン」という楽隊のジングル

バイエルン州の紋章。中央に青と白の菱形状の格子柄がある

に合わせて「ヘラーウ、バイエルン！」と、手を掲げながら皆で一斉に叫ぶ。「ヘラーウ」とは掛け声で、「イヨーっ」とか「万歳」ぐらいのものだろうか。いうなれば「万歳、北海道」とか「万歳、関西」とやっているようなものである。こういう機会は日本ではまずないだろう。戦後、ドイツ人の愛国心やアイデンティティに対する感覚は教育のせいもあり、複雑なものになったが、州レベルではナショナリズムの高揚を彷彿とさせるようなことが行われているわけだ。

もっと身近にバイエルンを強調しているものもある。州の色は青と白。州の紋章や旗には菱形状の青と白の格子が交互に並ぶ。このデザインは州のシンボルとして、テーブルクロス、ナフキン、ジョッキ、ラッピング用の紙などさまざまな日常のグッズに用いられる。ちなみに日本でもお目にかかることができるものもある。ＢＭＷ（Bayerische Motoren Werke）の自動車だ。日本語に直せば、「バイエルン・エンジン製造所」といった意味になる。バイエルンの地元企業という感じが伝わってくる名称だ。同社の円形のエンブレムの中にはバイエルンの旗同様、青と白があしらわれている。

バイエルンの地元企業 BMW のエンブレム

◈国に噛みつくバイエルン州

こうした一体感や地域主義とでもいうマインドはどこからきたのだろうか。歴史に理由を求めるならば、もともと、ドイツはいくつかの国の集まりであり、バイエルン州もかつては王国だった。その伝統が誇りやアイデンティティとして強く残っているわけだ。日本でも「お国自慢」という、地元の人の気質や特産品に対する誇りがあるが、ドイツでは、社会や政治の仕組みにまでがっちり「お国自慢」のようなマインドが影響している。いいかえれば、州や市が「国」としての独立心も強いということであり、そのため国と対立することもしばしばある。たとえば、２０03年の1月から飲料水などの容器の回収、再生・再利用に関する法律が強化されたが、州によっては反対するところもいくつかあった。具体的には裁判を起こすわけだが、こうした対立によって州と国家の関係がより明確に見えてくる。

バイエルンは経済的にもドイツ国内で1、2を争う強さがあるが、独立意識の高さとあいまって鼻息の荒さが見えてくることがある。たとえばスイスの国際経営開発研究所（ＩＭＤ）が「２００５年度世界競争力ランキング」を発表したときのこと。このランキングは60の国と地域の競争力を比較し、「経済発展」「政治の

独特の形をした瓶に詰められるフランケンワイン

効率性」など３００にわたる項目で評価するものだ。バイエルンは18位、前年に比べて2ポイントアップした。ところがドイツそのものは23位。前年より2ポイント下がった。この結果を受けて、州経済インフラ運輸技術省は連邦政府の政策のまずさがバイエルンのランキングの足を引っ張っている、と早速非難。「せっかくがんばっているのに18位にとどまってしまったではないか」というわけだ。連邦政府に噛みつくほどの強い実力と個性があることがよくわかる。

◇州からの独立を目指す地方も

バイエルンには王国の感覚がまだある、と書いたが、州内の地域や自治体も「クニ」意識がある。どの地方でもそうであるように、現在のかたちになるまで歴史的な変遷がある。州の北部にはフランケン地方と呼ばれる地域があるが、エアランゲンや隣接しているニュルンベルク、フュルトをはじめ、バイロイトやヴュルツブルクなどもこの地域の街だ。このフランケン地方は１８０６年にバイエルンに編入された歴史を持つ。

フランケンの赤と白の紋章が入ったグッズも数多く売られている

フランケン地方がバイエルンに編入されて200年を記念した展覧会

「200年は十分だ！」と書かれたポスター。展覧会のポスターのすぐそばに設置された。フランケンの紋章にバイエルンの格子が刺さっている

2006年に「フランケン・イン・バイエルン200年」という展覧会がニュルンベルクで行われた。同地方の歴史、文化、植生などを紹介し、戦中戦後の資料などが展示されたほか、フランケン地方の未来を予想するコーナーとともに同地方にある研究所で開発されている最先端技術が紹介されたりもした。フランケン地方は人口も面積もバイエルン州内の約3割を占めている。歴史的に交通の要衝でもあったニュルンベルクが最大の都市で、文化や経済などの中心になる。宗教的にも旧バイエルンの地域とは異なり、プロテスタントが多い。文化的にも今も赤と白のフランケンの紋章をあしらったグッズがたくさん売られ、社会や政治を風刺するカバレットの芸人は赤白のジャケットを着て登場することもある。フランケン語という方言が大切にされ、今も小学校で扱われることがある。ロマンチック街道で知られるヴュルツブルクを中心に生産されるワインは「フランケンワイン」と呼ばれ、ボックスボイテルという独特の形をした瓶に詰められる。

こうした事情から、今もフランケン地方を一つの州として独立させようと考える人たちもおり、そのための活動も行っている。また同展覧会のポスターは州内にたくさん貼られたが、フランケン独立を目指すグループは「200年は十分だ！」と書かれたポスターを展覧会のポスターの傍らに貼りだした。地方や地域の強い一体感とは独立精神が顔を覗かせることもあるということだ。

◇地方都市が一致団結して国に物申す

州だけでなく、地方都市が国に対して物申すこともある。

2003年11月のある金曜日の午前中、エアランゲンの市役所の扉は閉まっていた。市役所にやって来た市民はドアのビラを見ると、「しょうがないなあ」という顔で踵を返した。ドイツの各自治体でこの年の11月3日～7日にかけて政府に対する抗議活動が行われた。400の自治体で「自治体が危機にある！」と書かれた旗が掲げられ、5日には200人の市長たちがベルリンでデモを行った。過去に前例のない大規模なものだった。またこの期間、全国各市でさまざまな抗議運動が行われ、エアランゲンでも7日には午前8時半から市役所の隣の大ホールに市の職員のほぼ全員が集合した。このため、市役所や公営施設などは休業状態になったのだ。

大ホールでの集会の後、広場で行われた抗議運動のデモンストレーション（2003年）

この抗議運動は、各自治体の財政難に端を発している。財政難は政府や州も同様だが、こういった状況のなか、政府は失業者保険についての自治体負担を増やした。加えて、企業から自治体に納付される営業税の制度変更は自治体にとって大きな痛手になった。これまで、自治体に集まる営業税のうち20％が国の「取り分」だったが、２００１年には約30％に比率を上げてしまった。このときの抗議はいわば国の横暴な「ピンハネ」に反対するものだ。企業に関する税制改革も追い討ちをかけた。国外に支社などがある企業は、国内の本社と連結するかたちで税金の額を算出することになった。これによって、ドイツ国内の本社がたとえ黒字でも、国外の支社などが赤字であれば、ほとんど税金を支払わなくてもよいというケースが出てきた。

営業税は自治体にとって大きな収入源だ。景気の落ち込みそのものも、営業税の減少につながっている。これは自治体の財務に当然影響する。２００１年のドイツ自治体全体の予算における不足分は29億ユーロ（２９００億円相当）だったが、２００２年1月には44億ユーロ（４４００億円相当）にまでのぼった。エアランゲンでも２００３年は前年比42・４％も営業税が減少している。こうした自治体の反発を受けて、営業税に関する法律は改革され、２００４年から再び自治体での営業税収入が増えた。

◈自治体見本市「コムナーレ」

自治体の団結といえば、バイエルン州では自治体見本市「コムナーレ」がニュルンベルク見本市センターで１９９９年以降、2年ごとに行われている。上下水道などのインフラ、除雪車などの特殊車両のほか、財政サービスなど自治体向け商品を販売する企業などの出展と同時に討論会や講演などが行われる。２００７年は2日間で約４９００人以上の訪問者があり、自治体における温暖化対策や都市部と農村部の格差といったものがテーマになった。その前の２００５年にはＥガバメントやＰＰＰ（パブリック・プライベート・パートナーシップ）といったものが取りあげられている。

自治体見本市「コムナーレ」

発端は主催の「バイエルン市町村会議」がシュトイバー州首相（当時）から２０００年に向けた記念イベントを要請されたことに始まる。最初、州内の自治体の紹介イベントが浮上したが、それよりも自治体の存在感や能力を示すイベントはどうかということになった。この背景には州議会より州政府の方が強いという構造があり、自治体は州政府への対抗心がある。そのためコムナーレは「市町村による自治のデモンストレーションだ」（ローランド・シャファー氏、ドイツ市町村連盟会長）。こうして一度きりのイベントとして開催されたわけだが、思いのほか反応がよく継続されることになった。

なお、主催のバイエルン市町村会議は州内の郡に属する自治体

表１　2005年のコムナーレでの発言者とその肩書(2005年当時)

ボルフガング・ケルッシュエ氏	バイエルン市町村会議の第１副議長。人口１万6000人の自治体ヴェンデルシュタインの第１市長でもある。
ローランド・シャファー氏	ドイツ市町村連盟(ベルリン)の会長。同時に人口約５万2000人のベルクカメン市の市長である。
ウルリッヒ・マーリー博士	コムナーレの会場になったニュルンベルク市長。
ゲルド・ラントスベルク博士	ドイツ市町村連盟の最高執務責任者。地方自治体の立場を政治的に表明することも多く、全国有力紙で「小さな自治体たちの意見を述べる大声のスピーカー」と紹介されたこともある。

２０３１のうち２０００が加盟する団体（２００４年現在）。１９１２年にミュンヘン近郊のコルバーモール市で56の自治体によって「バイエルン王国の村落同盟」として発足。名称に「王国」という言葉があるのは、バイエルンが第一次世界大戦終結の１９１８年まで王国だったことに起因している。こうしたことから、コムナーレでは首長たちの声もひときわ威勢がよい。ここでは２００５年に参加していた４名（表１）の発言を拾って整理してみたい。

①自治体の役割や意思表示

・自治体は財政、人事の面で動けないのが現状だ。今日はそれに対して批判ばかりではなく、きちんと意思表示をしたい。これまで政治家はいつも財布を開けていろんなものを配ったが、そういう時代は終わった。やる気と自己責任が必要だ。またドイツ全体を見るとさまざまな課題があるが、自治体が強くなければ国そのものが将来のための挑戦すらできない。もちろん自治体にもさまざまなところで改革が必要だが、市民にもその情報を提供して説明をしなければならない。（ケルッシュエ氏）

・ドイツにおける生活に対する責任は自治体にある。そしてデモクラシーのベースは下から上へもっていかねばならない。同時に自治体は相互に協力しなければならない。自治体は今、本来の仕事に邁進すべきだが、そのための環境がいる。（シャファー氏）

・市民は結局、自治体で起こっていることを国の状態として感じる。そのため、国への期待は自治体の状況から生まれる。（マーリー博士）

②EU・連邦・州の中の自治体

・自治体は国のパートナーだ。我々自治体の首長は国の将来を市民と一緒につくりたい。またそのためにがんばりたい。しかし必要なのは、自治体のためのふさわしい環境だ。それを整備するのは州と連邦政府の仕事であり、法律がつくられる段階においても自治体はもう少し参加したい。また（当時問題になっていた）自治体の大きな歳入である営業税の問題は数ある問題の一部分でしかない。連邦政府、州、自治体の財務関係はよりわかりやすい新しい構造をつくらねばならない。（ケルッシュエ氏）

・連邦政府には市役所などで働いた経験者がほとんどいない。そのため自治体の現状を理解することは当然できない。したがって、連邦政府の決定事項に関して我々はよく注意する必要がある。そして連邦議会の地元議員を通じて、地方の立場を明確に意思表示しよう。また連邦制のあり方については改革が進められているが、現在の議論は連邦政府と州のみによって行われている。ドイツの構造は国、州、自治体の三者で構成されているので、自治体も共に議論しなくてはならない。(マーリー博士)

・2005年の総選挙のときの大きな政党のプログラムを見ると、その中に「企業」や「経済」という言葉が多い。CDU(キリスト教民主同盟)が50回、SPD(ドイツ社会民主党)が39回ある。しかし「自治体」という言葉は両党とも5回しか出てこない。(シャファー氏)

・EUは自治体の自治の邪魔をしてはいけない。(シャファー氏)

・連邦制度は今までは効率がよかった。また方向性としてもよかった。だが今後は欧州の中で州としての強さよりも、(自治体の集合体としての)地方の強さが求められるようになるだろう。(ラントスベルク博士)

4 自治体の自立性を支える連邦制

◈自立性を支える仕組み

州や自治体の自立性はさまざまな制度によるものが大きいが、同時に人々の気持ちも大きく作用している。英語の「ホーム」に相当するドイツ語に「ハイマート(Heimat)」というものがあるが、郷土愛のことを指す。日本でも人々の郷土に対する愛着はあるが、東京に対する羨望、地方の劣等感のような感覚もある。しかしドイツでは郷土愛という概念が、市民活動やジャーナリズム、政治的なものに反映されてきた。これが人々の地元志向を維持・発展させてきたといえる。

たとえば、バイエルン州の与党政党ＣＳＵ系の財団による政策論文の中には「バイエルン郷土愛―伝統とアイデンティティ、そして未来」（２００３年）といったものがあるが、郷土愛という概念と政策の関連性がうかがえる。教育の現場を見ても、バイエルン州の基礎学校は1～4年生が通う小学校に相当するが、ここで生活科すなわち理科と社会科を合わせたような授業が行われる。この名称も「郷土事象授業」で、住んでいる自治体のエリアをベースに取り組まれている。

さらに人々のマインドだけではなく、政治や自治体構造そのものも自立性の背景にある。ドイツは正式には「ドイツ連邦共和国（Bundesrepublik Deutschland）」という。ドイツ語のBundesrepublik の頭の部分 Bund（ブント）は日本では左翼系の社会運動の文脈で用いられるが、一般に「連盟」とか「結びつき」といった意味である。ドイツでは「環境のための同盟」とか「家族のための同盟」といったようによく使われる。そういうことからいうと、連邦とは州同士の同盟によって成り立っているということである。ちなみに「州」と訳される Land、Staat も「国」と同義で、州とはまさに独立した国なのである。

◈難しかった中央集権制

ドイツの歴史を顧みると、州や都市は何らかの連携や同盟を繰り返しているが、絶対主義や中央集権的な状況に対してはどうも足並みが揃いにくいらしい。国民国家としてのドイツが初めて誕生したのは1871年（ドイツ帝国（第二帝国））。19世紀の後半だった。イギリスやフランスに比べると、その成立は遅い。歴史的に、ドイツは独立した自治体の集合体というかたちをとる方がうまくいく傾向があるといえる。

もっとも、都市同士が同盟や何らかのネットワークを構築することが昔から多かった。中世後期の北ドイツを中心とした都市同盟「ハンザ同盟」などはよく知られた例である。関税の廃止などほかの都市と協力体制をつくることで共通の利益を獲得してきたわけだが、このような関係を築く背景には都市の独立性が高かったことが前提としてあったと思われる。そして、こうした同盟関係はやがて政治的発言力もつけていくのだが、それは各国の経済的協力から始まったEUにも通じる発想といえよう。

20世紀に入ってから極端に中央集権化したのはヒトラーだが、その少し前、1919年に誕生したヴァイマール共和国もそうだった。この時代は一応連邦制ではあったが、州の権利を大幅にカットしたため、実は中央集権的であった。そしてヒトラー時代に入ると名実ともに中央集権化が進む。33年には「ドイツ都市会議」が強制的にほかの同盟と統合され「ドイツ自治体会議」になった。12年に「バイエルン王国の村落同盟」として誕生した現在の「バイエルン市町村会議」も、ヒトラー時代には「ドイツ自治体会議」に統合されている。戦後は、中央集権化がファシズムを生んだとされ、連合国側は連邦制にすることにしたが、実のところドイツ側も政党によって温度差はあったものの連邦制を望んだ。ちなみに1945年の段階でFDP（自由民主党／リベラル政党）と共産党の2党は中央集権を望み、SPD（ドイツ社会民主党／左派政党）は連邦制と中央集権のバランスをとる立場をとった。戦後初の旧西ドイツのコンラート・アデナウアー首相が率いた保守政党、キリスト教民主同盟・社会同盟（CDU／CSU）は基本的に連邦制の方向で考えていたが、CSUの方は、州同士の同盟というかたちでビスマルク時代への回帰を指向していた。いずれにせよ、当時の国際政治の思惑もあったが、国内的にも連邦制をとる方向で舵がとられた。

◈連邦制の中の州と自治体

連邦制において自治体は国ではないが、法人として独立した立場であることが憲法に相当する連邦基本法に明記されている。州においては立法、行政、司法の権限を有しており、まさに独自の国家を思わせる。「共和制」「民主的」「社会的法治国家」に反しない限り独自の憲法を定めることも認められている。旧西ドイツの11の州も1946〜57年にかけて民主制に基づく州憲法を採択している。

とはいえ、州の立法権も、連邦という枠組みの中にある限り何もかも州の都合で立法が許されるわけではない。連邦が立法権を行使しない場合や、憲法に相当する「基本法」で定められていない領域が州の立法権の及ぶところだ。州の独立性が高いといっても、やはり国家としてのかたちを維持するためには連邦に優位性をおかねばならないということだが、州の立法権が際立ったかたちで表れるのが教育制度および文化政策、そして地方自治体法と警察法がこれに加わる。特筆すべきは、ドイツでは文化の地域主義が明確であることだろう。国家レベルより地方の権限が高いために「文化高権」といわれている。

◈連邦制の原理

連邦制を語る上で欠かせないのが「補完性の原理（Subsidiarität）」である（図3）。日本語訳では何のことやらさっぱりわからないが、一言でいえば課題解決の順位についての原理である。どういうことかといえば、個人が抱える課題は個人で、もしそれが不可能ならば家族や共同体や非営利組織で、それでも無理ならば自治体でといった具合に、できるだけ課題を身近なところで解決していこうという考え方だ。語源はラテン語の「援軍」とか「援助」を意味するところからきているので、自助を基本にした援助の順番と考えた方が語源に即しているといえるかもしれない。

この考え方は古代ギリシアの哲学者アリストテレスや中世の神学者トマス・アクィナスまで遡ることができるが、カトリックの社会理論がルーツで、西欧の政治哲学思想に流れており、モンテスキューなども言及している。また、現代のギムナジウムで使われる社会科の教科書でも登場する。ちなみに日本でも、道州制や地方分権、社会保障といった議論の中で補完性の原理が参照されることがある。

さて、この考え方が連邦制に影響を与えたのが、1931年にローマ教皇ピウス11世が出した社会回勅「クアドラゲシモ・アンノ（quadragesimo anno）」だ。社会回勅とは教皇が出す公文書で、社会や政治の問題に対して教会の姿勢を示すものだが、キリスト教圏における政治・社会と宗教の深い関わりがこういうところに見てとれる。宗教が具体的に社会や政治に意思を示すというのは、日本から見るとなかなか理解しにくいところでもある。いずれにせよ、このときの回勅では、人間の尊厳を個人の自立に求めた上で、問題・課題はより身近なところで解決されるべきだという考え方が示され、連邦制の原理としても影響を与えた。

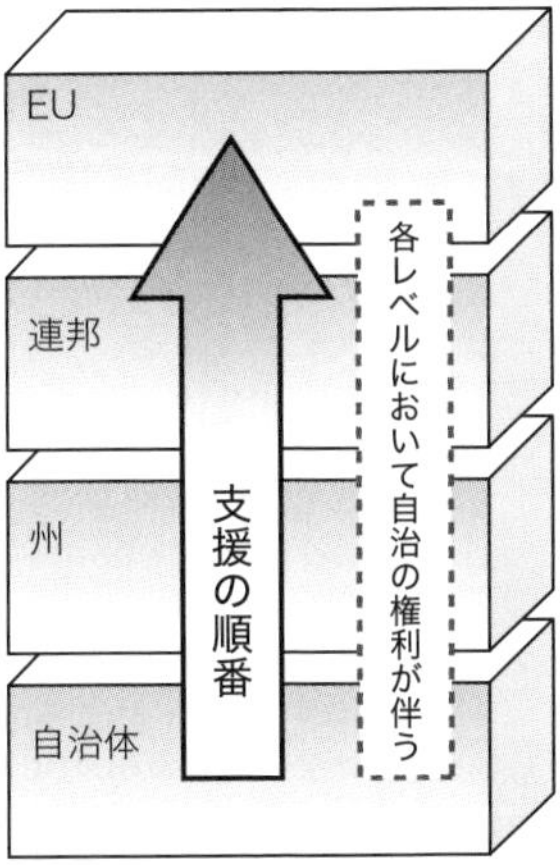

図３　補完性の原理は、裏を返せば自治の権利・能力の範囲を規定することでもある

この原理は地方自治でも機能している。エアランゲンは近隣都市や広域地域のネットワークを形成しており、

そのマネジメントや調整が大変だと思えるのだが、バライス市長の口からは「あくまでも補完性の原理に沿って行っているから問題ない」とさらりと出てくる。

また補完性の原理を理解するときに重要なことは、実は自治の権利の範囲の決定にも関わっているという点だ。後にもう少し詳しく述べるが、ドイツは連邦、州、自治体の三つのレベルの構造があり、いうまでもなく、それぞれが自治の権限を持つ。ドイツでは絶えず連邦制に関する議論、すなわち各レベルの権限についての議論がある。これは、ある意味、補完性の原理に関する議論ともいえよう。

この補完性の原理はEUのあり方にも採用され、1993年に発効されたマーストリヒト条約（欧州連合条約）にも明記された。同時にドイツの憲法に当たる基本法のEUに関する項目でも、欧州統一を実現するためにドイツは補完性の原理に従わなければならないという旨が明記してある。ところで先に自治体見本市「コムナーレ」で「EUは自治体の自治の邪魔をしてはいけない」というローランド・シャファー氏（ドイツ市町村連盟会長）の発言を紹介したが、この発言などは自治体の矜持ともとれるが、補完性の原理を暗に強調しているといえるだろう。

◈連邦政府VS州VS自治体

戦後、旧西ドイツは連邦制を採択し、旧東西ドイツ統一後も継承されて現在にいたっている。

日本から見ると確かに「地方分権」の国なのだが、ドイツ国内では常に連邦政府、州、自治体の三者の関係についての議論がある。そして議論の方向は、時の政権や欧州・世界政治の状況といった外的条件にも影響されてきた。冷戦時代は州よりも国全体の力を伸ばすことが求められた。しかも連邦政府は州の権限のないところに対して予算を充てるといったことを繰り返した。その結果、州と政府の管轄が曖昧になった。州にとってみれば、後の祭りだが、連邦政府は当初から州の力を弱める狙いで、州の権限のないところに積極的に予算を充てていったという見方もある。70年代にはドイツ全国で強い強制力をもって市町村合併が行われた。エアランゲンにあるテンネンロエという村も、72年にエアランゲンとの合併命令が連邦から下った。もっとも、この強制命令も、エアランゲンにとっては人口拡大につながり、「大規模都市」と呼ばれるランクの都市になったことから、合併によるメリットも享受している。

連邦制の力関係に変化が出たのが冷戦崩壊後である。欧州の統合・拡大が進むと同時に州の力が強まる。その結果、地方分権といっても州政府を中心としたものになり、州は独自の政策立案をしようとする傾向が強まった。90年代以降は旧東西ドイツ統一を経て、旧東ドイツへの国の機関の移管問題や支援問題、教育問題などが連邦制の議論の軸になる。2005年の総選挙以降も連邦制のあり方の見直しは続いていて、連邦と州の権限配分の見直しが議論のポイントだ。連邦立法の成立には州の同意が必要なのだが、州が立法成立に関与できる範囲を減らし、「連邦の行動力」を高めようというわけだ。

自治体に目を向けると、文化、スポーツといったものが独自で取り組める分野であり、教育は義務である。同時に国からの依頼により、国の道路整備を行うときの管理や市民登録業務などがある。業務を委託する際の予算は連邦が負担する。問題はその予算の決定方法だ。なんと自治体が業務内容に基づいて費用をはじき出すというのではなく、連邦の判断によって行うのだ。そのために、実際に業務を始めると連邦からの予算では不足するというケースが起こる。

この不足分は結局自治体が自力でカバーすることになる。そうなれば自治体が文化やスポーツに充てる予算が減ってくるのは必至だ。しかも構造的には国が多くの法律をつくって、その実行、監視といったことを自治体が行うため、プロセスが煩雑になりがち。予算的に効率が悪い。いわゆるビュロークラシー（官僚主義）の悪弊がある。いうまでもなく自治体の中心業務は、自治体内に関することに対して法律遵守の上で自治を行うことである。具体的には事業の計画や実行のためのオーガナイズ、人事、法律や財務に関する管理といったことが仕事だ。だから、国の依頼事業で煩雑な事務業務や財務的負担が増加すると、自治体にとっては堪ったものではない。ドイツは文化に関して連邦より地方の権限が高い（文化高権）という特徴があるが、委託業務の費用の不足から文化予算が減ることになれば、文化高権に基づく文化の企画・運営・管理に支障が出るだろう。また、財務状況の悪い自治体は、水道や道路、学校、病院といったインフラが維持できないということが出てくる。連邦政府、州、自治体の最適な関係づくりの難しさは理解できるが、裏を返せば、市町村といった基礎自治体に独立性の高さがなければ、自治体の死活問題につながるといえるだろう。実際エアランゲンを見ても、街の存在感や立場の強調を常に行っている。それは州政府に向かうこともあるし、連邦政府に向かうこともある。たとえば年1回、市長たちが連邦首相と会見する機会があり、バライス市長も15人ほどの市長グループの一員としてアンゲラ・メルケル首相と会談を行っている。全国の自治体で構成する「ドイツ自治体会議」にいたってはもっと頻繁に連邦側と会って、それぞれの省とも定期的に話しあっている。「自治体は政治については連邦政府と同じレベルで話しあえるということが重要だ」とバライス市長は述べている。

◈新しい大都市圏「メトロポリタン地域」

自治体と連邦との関係を見ると、さまざまな問題点があるのも事実だが、独立性・独自性を重視するドイツらしい手法が「メトロポールレギオン（Metropolregion）」だろう。これは「メトロポリタン地域」といったような意味で、近隣の都市が緊密な関係をつくり、一つの大都市圏を形成するというものだ。国土における空間の秩序づけをしていく一つの手法だが、これを認証するのが連邦交通・建設・都市開発省におかれた空間秩序の審議会だ。

同審議会は1995年につくられたが、その年に「ライン－ルール大都市圏」「ハンブルク大都市圏」など六つのメトロポリタン地域ができた。その後、97年に「ザクセン三角地帯大都市圏」ができ、2005年には「ニュルンベルク大都市圏」「ブレーメン－オルデンブルク大都市圏」など四つができた。メトロポリタン地域の大きな条件は、圏内の都市が強い結びつきを持ちながら、一つのエリアとして方向性を明らかにし運営していくことである。しかも経済インフラのみならず、文化、社会福祉といった分野もカバーしている。

たとえばニュルンベルク大都市圏はGDP940億ユーロ（9兆4000億円相当）といった規模の経済圏となるが、エリア全体の方向づけをしていくグループは、経済・インフラ、科学、文化など六つの分野がある。そのグループの責任者には市長や自治体の「大臣」クラスの顔が並ぶ。しかも各責任者がそれぞれの強い分野を担当している。たとえば文化・ツーリズムの責任者はエアランゲンの「文化大臣」ディーター・ロスマイスル博士。科学分野のスポークスマンにはエアランゲン＝ニュルンベルク大学の学長カール＝ディーター・グリュスケ博士が就いている。圏内の研究・開発力を高めるための科学賞の創設など、エリア全体を対象にした事業を展開し、ブリュッセルを訪ねてはEU内での存在感のアピールも行う。さらに報道関係者に頻繁に情報発信を行い、地元紙の中にも「ニュルンベルク大都市圏」のページができた。

ドイツのアウトバーンには共通の様式で統一された、通過する都市の大型看板が立つ。エアランゲンの場合、大学になっている宮殿の絵にレオナルド・ダ・ヴィンチが描いたウィトルウィウス的人体図を思わせるようなマークがあり、「医療と大学の街（Medizin-und Universitätsstadt）」と書かれている。いずれの自治体もその特徴が描かれているのだが、ニュルンベルク大都市圏の場合、その下にロゴと「Metropolregion Nürnberg（メトロポールレギオン・ニュルンベルク）」と書かれた小さな看板がつけられている。各都市の個性は尊重して、メトロポリタン地域としての連携を結ぼうという姿勢がよくわかる。発想としてはＥＵと相似形といってもよいだろう。

アウトバーンなどの幹線道路に取りつけられた自治体の看板（エアランゲン）

　それにしてもメトロポリタン地域にはドイツらしさとでもいえるものが見出せる。すでに述べたが、ドイツは自治体の合併という発想よりも、独立した自治体のネットワーク構築という方法をとる傾向が強い。ちなみにニュルンベルク大都市圏は人口３５０万人、面積は1万９０００平方キロメートル。人口規模でいえば横浜市程度。その中で12都市と21郡がネットワークを結んでいるかたちだ。最大の都市であるニュルンベルクの人口は約50万人である。もっとも、ニュルンベルク大都市圏などはもともとフランケン地方と呼ばれる地域と重なる部分も多く、一つのエリアとして統一性をとりやすい。いってみれば歴史的・地理的統一性を活かして戦略的に運営していこうという動きともとれる。

他方で州をまたぐメトロポリタン地域もある。大都市圏は世界をにらんだエリアづくりという目的もあるが、州という敷居を越えて近隣都市の関係を強くし、求心力や存在感を高めることに価値をおいていることがわかる。人口3万人程度のある自治体の市長は、ＥＵが拡大するなかで地方の立場を確立・維持するにはある程度の経済・人口規模が必要だと言いきる。こうしたことがメトロポリタン地域を展開する背景になっている。

CHAPTER 4

街の活力を生む経済戦略

1 産官学を結ぶクラスター政策

◈医療都市・エアランゲン

エアランゲン市は経済的にも独自の戦略を持っている。「医療都市・エアランゲン：Medizinstadt Erlangen」というビジョンを掲げたのは市長のシーグフリード・バライス博士。医療都市の始まりは前職、経済局局長時代にまで遡る。バライス博士が経済局長になったのは1988年。その翌年にベルリンの壁が崩れ、その後旧東ドイツ国民の購買力増加などを背景にエアランゲンの経済も好景気を迎えたが、93年には収束していく。シーメンス社をはじめとするエアランゲンの大企業の職場は減少し、地元の中心的な企業の中には倒産するところもあった。こうした不況の状態を打破すべく、バライス局長は企業の従業員代表組織らと一緒に約3年かけてエアランゲンの強みはどこか、どこに力点をおいて職場を増やすかということを研究した。このリサーチで見えてきたのが医療と健康分野だった。

バライス博士は96年に市長に就任する。当然のことながら自らの独自性を市政に反映させねばならないわけだが、そのときに局長時代のリサーチを援用した。市長としての最初のスピーチに「医療の首都（Bundeshauptstadt der Medizin）」という言葉を盛り込んだのだ。「医療」というキーワードが都市のビジョンになった瞬間だった。「首都」という言い方は特に法律に基づいた名称ではないが、医療関係に強いという特徴を形にするために「医療の首都」という言葉を選んだ。もっとも、ディートマ・ハールベーク前市長の時代にエアランゲンは「環境首都」に輝いているため、バライス市長にとっては政治家として独自性を出さねばならないという事情もあった。スピーチの内容は盟友でもあるゲルト・ローバサー副市長すら事前には知らなかった。しかしスピーチの後、ローバサー副市長は「勇気のあるビジョンだ」と市長に感想を述べた。その後、同副市長と広報課のウテ・クリアー氏がビジョンを具体的に拡大させていった。

「医療都市」を掲げるエアランゲン市長、ジーグフリード・バライス博士

◈知的基盤を支える大学

医療分野の知的基盤を支えているのは大学である。同市にはフリードリッヒ・アレキサンダー大学エアランゲン＝ニュルンベルクという総合大学がある。11の学部を持つ総合大学で、2万6000人の学生が学ぶ。同大学の歴史は18世紀に遡ることができる。1742年にエアランゲンから北へ100キロほど

のところにあるバイロイトでフリードリッヒ辺境伯によって設立され、翌43年にエアランゲンに移設された。設立当初はプロテスタント神学、法学、薬学、哲学の4学部があった。1961年に隣接する都市、ニュルンベルクにあった経済学および社会科学の単科大学を併合することで「エアランゲン＝ニュルンベルク大学」と拡張された。以来、通常「エアランゲン＝ニュルンベルク大学」と呼ばれている。医学部に関していえば、1824年に初の大学病院が設立され、その後19世紀初頭にかけて解剖学や病理学の建物がつくられた。国内・国際会議の会場としても使用され、大学病院の医師は多くの賞を受賞している。また医学部では外部機関や研究グループをたくさん組織し、ドイツ国内でも有数の医学部として知られているため、日本人の医師なども同大学に留学するケースがある。2004年現在、大学には23の医療関係の研究所と22の病院があり、5500人が働いている。大学は市に対して「学術・研究・イノベーション」の支援をしている。

◈シーメンス社の拠点都市

医療都市としてのエアランゲンを語る上で欠かせないのがシーメンス社である。同社は1847年ヴェルナー・フォン・シーメンスによってベルリンで創業された電気機器、電子機器製造会社で、現在は世界中で46万人以上が働くグローバル企業である。同社と日本との関係は古く、1861年に同社の電信機がプロセインの東方亜細亜遠征隊によって徳川幕府に献納されている。

地元との接点を担うシーメンス・フォーラム。イベントや展覧会などがよく行われる

また創業から40年後の１８８７年には東京事務所が開設されている。さらに年表を眺めていくと、１９１４年には日本海軍高官への贈賄事件といったスキャンダルまで見られる。

日本のコンピュータメーカーとして知られる富士通は１９２３年にシーメンス社と古河電気工業の提携事業として創立されたのがルーツだ。シーメンス社は「ジーメンス」と発音されることも多いが、古河の「ふ」とジーメンスの「じ」を組み合わせて、富士電機製造株式会社が設立された。現代の日本でシーメンスといえば補聴器などで知られているようだが、ドイツでは生活空間のあらゆるところで緑の「ＳＩＥＭＥＮＳ」というロゴが目につく。それこそ、原発や電車といった巨大なものから家庭で使う洗濯機やフライドポテト揚げ機まで製造している。

そんな同社は戦後、ドイツが東西に分かれたことを背景に、ミュンヘンに本社を移した。エアランゲンもそういう流れのなかで同社の一拠点となった。しかも医療関係の部門が置かれたことが大きい。同市は自他ともに認める「シーメンス・シュタット（市）」である。シーメンス社のメディカル・ソリューション部門は約４０００人の社員が働いている。そしてデジタル補聴器や体内を検査するMRTといった先端医療機器をつくっている。1998年にシーメンス社がエアランゲンに医療機器の製造ラインをつくり、これが大きな追い風になった。

◈ビジネス・インキュベーターの創設

さらにビジネス・インキュベーターの存在が加わる。インキュベーターとは卵をかえす「孵化器」のことを指すが、経済やビジネスの世界では起業家を育成したり、起業化支援のための仕組みを指す。ベンチャー企業が入居する「ハコ」も重要だが、マーケティングや資金調達、販売戦略などの支援プログラムが要になる。ドイツでビジネス・インキュベーターの重要性が意識されだしたのは80年代半ば。先駆けであるアメリカの様子を受けてのことだ。日本でも80年代の終わりに「かながわサイエンスパーク」や「京都リサーチパーク」といった草分けのインキュベーターが登場している。ドイツのインキュベーターの全国ネットワーク機関ADT（ドイツ・イノベーション・テクノロジー・起業センター）には約170のインキュベーターが加盟している。これに名前を連ねているのがIGZ（ニュルンベルク・フュルト・エアランゲン・イノベーション起業センター）だ。

同インキュベーターの運営会社が設立されたのは1984年。ドイツでも起業支援策が議論されだした時代だ。バイエルン州政府は技術関連の強い地域で二つのパイロットプロジェクトを立ち上げようと考えていた。そして白羽の矢がたったのがミュンヘンのMTZ（ミュンヘナー・テクノロジーセンター）とニュルンベルク地域のIGZだった。IGZ設立者はエアランゲン市と隣接するフュルト、ニュルンベルクの3都市、および同地域のニュルンベルク地方商工会議所、中央フランケン地方手工業会議所。1986年から実際のインキュベーターとしてスタートした。そして医療都市戦略とともに2002年に誕生したのが医療ベンチャーに特化したIZMP（エアランゲン医療技術・医薬イノベーションセンター）。結果的に人口10万人ほどのエアランゲンは、ビジネス・インキュベーターが二つもある街になった。

◈街のポテンシャルを顕在化

大学、シーメンス、そしてインキュベーターがあるという状況は、エアランゲンをハイテク関係に強い街にしていく素地になるが、経済政策として医療を柱に展開したのは、前述のように政治家としてのバライス市長の判断でもある。しかも医療ならば応用範囲も広い。それに医療関係の分野では倒産が低いというデータもあった。

1998年には、かねてより使っていた「メディカル・バレー」という言葉をバイエルン州首相も使うようになる。そしてエアランゲンは当時バイエルン州が進めていた「ハイテク積極策」に申請、州が経済的支援をすることを決めた。自治体から発生してきた経済政策を州が応援するかたちだ。こうしたことが奏功して１９９６年以降、医療技術、医薬、健康の分野で起業、あるいは新規事業というかたちで活動を始めるケースが60〜70社にまでのぼった（２００４年）。この数字の中身はというと、エアランゲンで新たに会社などを設立したもの、他所からエアランゲンに引っ越してきたもの、エアランゲンで別の分野の事業をしていたところが医療分野の製造・サービスを拡張したといったものだ。この数字にはデンタルラボやリハビリセンター、あるいは医療関係の小売りなどは含まれていない。

◈街全体でテーマを共有する

エアランゲンは街全体で「健康」というテーマを共有することも視野に入れている。「研究や経済に特化したものではない。市民も一緒に行う」というのはバライス市長の弁。学問や経済に関わっている人たちも市民であり、病気になれば病院で診てもらう。健康は医師の手の中にあるのではない。また特定分野の人たちだけでがんばっても医療の大都市にはなれないというわけだ。

具体的にはバライス博士が市長に就任してから3年後の１９９９年に「医療・技術・健康」というアクションイヤーを設けた。市民にエアランゲンが持つ医療に関するポテンシャルを紹介するのが狙いだ。１４８に及ぶイベントを展開し、その後の調査では市民の半分程度は何らかのイベントに参加しており、86％の市民が市のテーマを知ることになった。

２００５年には「健康２００５」という年間キャンペーンを行い、99年と同程度のイベントを展開した。提案や情報、治療と技術のイノベーション、予防といったものを視野に入れた内容だ。その中には糖尿病や脳溢血、心臓発作のリスクの高さを最新機器で無料で検査したり、企業や学校でのスポーツイベント、講演や専門家会議なども行われた。この年の連邦健康大臣会議はエアランゲンで開催された。地元の保険会社が、身体の構造や器官の働きなどを学べる大規模な展覧会を開催するケースなどもあった。

「健康 2005」のロゴを指差すバライス市長（左）

　地元紙「エアランガー・ナッハリヒテン」紙では、年間を通じて、毎週土曜日に市内の医師が健康アドバイスを披露する連載が掲載され、市内のあちらこちらに、健康のためのアドバイスを書いたポスターが掲示された。

　こうしたアクションイヤーでは研究機関や医師、学者、企業、非営利法人などの社会的機関といったさまざまなセクターがプログラムに参加することで「幅広い市民ムーブメントのようになる」（ローバサー副市長）。市民も巻き込んで「健康都市」という独自性を確立していこうとしている。医療都市のコンセプトを掲げて以来、政党や非営利法人などの社会的なグループ、企業、メディアは概ねエアランゲンの将来づくりに参加したいという傾向が強くなり、市民からの聞き取りでも「医療都市というコンセプトが始まる」という雰囲気がはっきり感じとれるという。街全体で共通の目的や目標を掲げると、街そのものが活気づく。多くの市民が新しい技術・研究に興味を持っているような街の雰囲気は投資家に興味を抱かせ、投資を促す。それをまた市民が歓迎する。バライス市長はアクションイヤーの実施がそんなダイナミズムを生み出すのではないかとしている。

2 ベンチャー企業の支援

◈ハイテク分野のインキュベーター、ＩＧＺ

エアランゲン内に二つのビジネス・インキュベーターがあることは先に述べたが、具体的にどのようなことをしているのだろうか。まずは先発のＩＧＺ（ニュルンベルク・フュルト・エアランゲン・イノベーション起業センター）を見てみよう。

同インキュベーターの総面積は４５００平方メートル。２年に一度行われる「ハイテック・ビール祭り」（５章で詳述）はすっかりおなじみのイベントだ。２００６年3月には創立20周年を迎えた。この20年で１０１社が入居し、倒産は5件。そして72社が巣立った。それらの企業のうち

13社はＩＧＺの近くでオフィスを構えており、なかには自社ビルを建てた会社もある。そして１２５７人の雇用を生んだ。

こういった成果を上げたのが、インキュベーターの運営責任者であり、優れたコンサルタントでもあるゲルト・アリンガー博士の存在だろう。同氏は入居企業に対する支援サービスの要だ。

ハイテク分野のインキュベーター、IGZ

アリンガー博士は電気工学と機械工学を修めた後、バイエルン州経済インフラ運輸技術省のイノベーション局に勤務していたが、ＩＧＺ設立時に「志願」した。入居企業への支援は、ベンチャーキャピタル（ベンチャービジネスに投資する金融機関）との接点づくりや、コーチング、決算時の相談、広報など多岐にわたる。企業が独自のパンフレット類をつくるときは安い印刷会社の斡旋から中身の相談にまでのる。「印刷前のチェックでは、私は一番厳しい読者になりますよ」と同氏は屈託なく笑う。ある入居企業の役員によると、アリンガー博士とはしょっちゅう顔を合わせるという。入居企業にとっては常駐顧問といったところだ。きめ細やかなコンサルティングが同インキュベーターの特徴になっている。

IGZの運営責任者ゲルト・アリンガー博士。ある入居者は「お父さんのような存在」とまで言う

入居前の「試験」も難しい。インキュベーターの入居を希望する者はたとえ技術者出身の経営者の場合でも、分厚い書類が必要だ。それがつくれない人は経営ができないという。しかも2年先には黒字経営となるような経営戦略を持つ会社しか入居を許可しないという立場をとっている。それだけに、優秀な特許を持っていても会社経営が無理な場合は特許の売却を勧めることもある。また入居後、共同経営者が不仲になったような場合も綺麗に終わらせる。もしどちらか片方だけで経営が継続できそうな場合は新たに法人設立を勧めるという。

ベンチャー企業の世界では起業するときには撤退戦略を描いておくことも必要だといわれる。経営者というのは会社の事業に対する執念や執着も必要だが、売却や経営陣の入れ替えなどの撤退戦略も経営戦略のうち。これで被害を最小限にとどめ、雇用を守れるというわけだ。アリンガー博士の言葉でいえば、撤退はビジネス・インキュベーターの社会的責任ということになる。それだけに入居企業に対しては決算時まで相談にのり、コンサルティングによってつくったプランの結果にまで責任を持つとも言いきる。

◈医療分野のインキュベーター、IZMP

エアランゲン市内のもう一つのインキュベーター、IZMP（エアランゲン医療技術・医薬イノベーションセンター）は2002年秋から実際の運営が始まり、オープンして数週間後には入居率が85％になり、2007年現在の入居者数は31社。大学の一部もこちらに入っているほか、エアランゲンの商工会議所もこちらへ移ってくるなど集積力を高めている。

同インキュベーターは運営会社と不動産会社によって経営されているが、運営会社はエアランゲン市、エアランゲン貯蓄銀行、そしてニュルンベルク商工会議所によって設立されている。そして建物の建設を担当した不動産会社はバイエルン州、エアランゲン市（土地の提供）、エアランゲン貯蓄銀行が協力し、バイエルン助成銀行を通して設立された会社である。さらにほかの民間ファンドも経営戦略に関わっている。州と市、地元銀行、民間がタッグを組んで実現しているインキュベーターで、いわゆる官民がパートナーシップを組んで取り組むPPPだ。

インキュベーター運営のトップには2人が就いている。1人は

医療分野のインキュベーター、IZMP

IZMPの代表の１人、市経済局長のコンラート・バウゲル氏

エアランゲン市経済局長コンラート・バウゲル氏。事実上、市の「経済大臣」のような立場の人だ。この人事からも市とインキュベーターの協力関係の強さが浮かんでくる。もう１人の代表がマティアス・ヒーゲル氏。人材、財務、特許、マーケティングを綿密なコンサルティングを通して行っている。

インキュベーターに入居するといえば、起業後間もない企業というのが相場だが、１社ベテランの企業が入居している。ベンチャー企業はおしなべて同じような欠点を持っているものだが、ベテランの企業とコラボレーションをすることで、欠点を補えるようにとの狙いがある。日常的に身近な成功例を学べるというわけだ。同インキュベーターで行われた、ある記者会見でバライス市長自身も〝ベテラン企業〟に入居してもらえるように頼んだことを明らかにしている。さらに、前述したＩＧＺとも協力関係を築いており、「ベテランから学べ」とでもいうような仕掛けが組まれている。

ＩＺＭＰは市街の中心部に近いところに立地しており、比較的広い道路と接しているのだが、目につくのが木でつくられた彫刻作品だ。白シャツにズボンという出で立ちの男性の彫刻が３体。

さらに、1階部分がカフェになっており、天気のよい日や暖かい季節は野外でも飲食ができる。こんな具合であるから、文化施設を思わせるような雰囲気を醸し出し、まるでコミュニケーション・センターのようになっている。IZMPにはベンチャー企業があり、大学がある。創造的な交流はコーヒーブレークでも可能というわけだ。

　またカフェ部分を利用して、サマーフェスティバルやクリスマスパーティなど、催し物がよく行われる。たとえば2004年に行われた夏祭りは「Siemens Meets IZMP」と題してメディカル・ソリューション分野を展開しているシーメンス社の社員を招待し、入居ベンチャー企業が自社の技術などをプレゼンテーションするという趣向だった。入居企業からは、日ごろからシーメンス社との接点をどうにかつくりたいという声が挙がっていた。それを夏祭りというかたちでプレゼンテーションの機会をつくったわけだ。この日は9社が10分ずつプレゼンテーションを行った。夏祭りが行われたのは金曜日の夕方。金曜日のドイツのオフィスは終業が早く、夕方ともなれば閑散としているものだが、夏祭りにはシーメンス社から約20人がやって来

日常のコンサルティングなどを行う、マティアス・ヒーゲル氏

た。

ユニークなのは、同インキュベーターが時々イベント会場としても使われることだ。イベントといっても商業的なものではない。たとえば後述するイベント「科学の夜長」（6章で詳述）でも施設を公開している。あるいは、家族のあり方を政策的に考えていこうというイベントの会場にもなった。この時は当時の連邦政府、州政府の家族相も参加した。最近の潮流として、家族の時間と仕事をいかに組み合わせていくかという議論があるが、こういった先端の考え方と「インキュベーター」という場所のマッチングがなかなかよい。また現代音楽と照明のコラボレーションが深夜に行われたこともある。まるで「シークレット・ライブ」といった感じだが、市の文化余暇局も運営に参加している。ピアノを演奏したのは市内のアーティスト、クラウス・トロイハイト氏。私が訪ねたときは、前衛的な演奏であるにもかかわらず、老若男女100人ぐらいの人が集まっていた。文化関係の人物も多いが、まったくアートと関係のない仕事をしている人も結構いた。先端的な医療ベンチャーが集まるところで、前衛的な現代音楽のコンサートはよく合う。「本業以外」の使

色彩豊かなライティングと前衛的なピアノ演奏は「先端技術」と相性がよい

われ方から、同インキュベーターは地域社会の中で「最先端な場所」というイメージができつつあるといえる。

◇北バイエルンをカバーする起業支援機関

エアランゲンの「医療都市」を支えているものに、医療分野に的を絞ったベンチャーキャピタルや同市周辺の起業家や経営者を支援する機関がある。「ネッツヴェルク・ノードバイアン（ネットワーク・北バイエルン）」はその代表格だ。同社はエアランゲン市と隣接するニュルンベルクにある。その名のとおり、バイエルン州の北部をカバーする起業支援機関だ。同社は1998年にビジネスプラン・コンクールの運営会社として設立された。社名も「ビジネスプラン・コンクール北バイエルン有限会社」としてスタート。しかし2001年からはビジネスプランのコンクールのみならず、ほかの支援プログラムも開始した。活動の幅の拡大を受けて03年に現在の社名に変更した。

ビジネスプラン・コンクールの授賞式

設立当初から行っているコンクールについては、単純にコンクールを運営するというだけではなく、同社の専門家がビジネスプランをつくる段階で支援やベンチャーキャピタルを紹介している。２００４年の段階でＩＴやライフサイエンスのビジネスプラン１０００件について各起業家と議論やコーチング、および改善を行ってきた。またファイナンスネットワークを通して、資金を提供する人と必要な人を紹介する。あくまでも中立の仲介役を無料で行っており、効果的なマッチングを実現するところが同社の強みだ。ちなみにバイエルン北部にはベンチャーキャピタルも含む70のビジネスエンジェル（個人投資家）の存在がある。

コンクールの方は98年から6年間で８８８人が参加した。そのうち３００の企業が設立された。これらの企業は全体で９０００万ユーロ（90億円相当）を売り上げ（２００４年）、１９００人の職場を生み出した。同社のファイナンスネットワークからは８７００万ユーロ（87億円相当）を75社に提供している。ドイツのビジネスエンジェルの中では最も成功している事例だという。こうした機関がエアランゲン市の経済戦略を盛り立てている。

◈自治体内の情報を統括するマーケティング会社

２００5年秋に、エアランゲンでは自治体マーケティング会社「エアランゲンＡＧ（株式会社）」が設立された。同社を通して市内の企業の技術や競争力の情報統括を行うほか、既存のさまざまな支援機関、研究機関との連携強化を狙う。そして医療技術のイノベーション都市として優位性を獲得するというのが目的だ。

経営陣には市長のバライス博士をはじめ、マンフレット・ホップフェンガートナー氏（シーメンス社のエアランゲン代表）やカール＝ディーター・グリュスケ教授（エアランゲン＝ニュルンベルク大学学長）、市経済局長のコンラート・バウゲル氏、インキュベーターIZMPのマティアス・ヒーゲル氏らが顔を並べる。同社を設立することにより、既存のビジネス・インキュベーターやベンチャーファンド、市内に所在する技術や研究を把握し、医療都市としての可能性を高めていく方針だ。この発想はナレッジ・マネジメントの世界でいわれる「ノウフー（Know-who）」の強化にほかならない。実際的な知識や技術を指す「ノウハウ（Know-how）」はよく知られているが、「Know-who」は誰がどのような知識や技術を持っているかということである。「Know-who」をきちんと把握することで創造的な商品開発などができるというわけだ。もっとも、そもそもエアランゲン自体、決して大きな街ではないため、産官学の人材の距離は近かった。が、さらにエアランゲンの経済に関する総合的な力をまるごと整理、体系化することで、よ

エアランゲン株式会社の設立日。座っている人物は公証人（2005 年）

り経済力を高めようとしている。

3　ハイテク州バイエルンの域内連携

◈ハイテク州バイエルン

エアランゲンの経済政策を見たときに、同市が位置するバイエルン州の中ではどうかということも見る必要があるだろう。同州はドイツ国内で最大面積を有する州である。6世紀ごろに遡ることができる歴史を有するバイエルン州には独自の伝統が息づき、自動車メーカーのアウディやＢＭＷの本拠地がある。

現代のバイエルンはハイテクの州というイメージがあり、「レダーホーゼ（伝統的な革ズボン）とラップトップ」と表現されることがしばしばある。そんな同州について、「バイエルンがブランド化しているのではないか」と論じたのが、高級紙「ヴェルト・アム・ゾンターク紙」（２００５年3月6日付）だ。同記事によると、ユーロ圏の金利が50年来の低水準にあり、資金調達がしやすいことなどを背景に、将来性の高い州内企業が外資に買収されるケースが増えているという。しかしながら会社を分割して売り飛ばすといった投機的な取引は少ない。州外からの投資誘致を盛んに行ったことも功を奏してか、２００４年は国外からバイエルンへ進出する企業が一気に増えた。アメリカからは14社、日系企業にいたっては過去最高の18社に上った。さらに、州内にはシーメンスのほか主要自動車メーカーがあることも進出を後押ししている。こうしたなか、アジア、特にインドと日本から問い合わせが多く、日本企業ではＩＴ（情報技術）関連が目立つという。

バイエルンといえば、ドイツ国内では休暇地としても有名だ。バイエルン州を舞台にしたテレビドラマでは牧歌的なイメージをことさら強調されているものが多い。こうした魅力は、昔からある豊かな自然の存在が大きいわけだが、すなわち自然を破壊するような重工業化ができなかったということでもある。19世紀には金属加工、食品、繊維、木材、機械、製紙、岩塩、磁器といった産業が展開されたが、１９５０年になっても3割程度は農林業に従事していた。しかしこれは先端技術産業を導入するのに好条件であった。というのも、重工業で興隆を極めた地域は産業構造の変化に対応するために、相当のダメージと負担を抱えていたからだ。ハイテク中心の強い経済力を持つ最初の転機は戦後。ドイツが東西に分かれたことをきっかけにシーメンス、アウディをはじめ、電球の製造でよく知られるオスラム、往年の銀塩カメラ時代のフィルムメーカー、アグファといった企業がバイエルンに本拠地を移した。また東ドイツおよび東欧から教育レベルの高い難民が流入したのも大きかった。

70年代には中小企業をサポートする州の法律ができる。その後もアウトバーンや運河、空港といった交通インフラが整備された。また中小企業技術コンサルティングプログラム（79年）、イノベーション・サポートプログラム（81年）、バイエルン技術導入プログラム（86年）といった具合に次々と企業支援のプログラムを打ち出した。同時に技術移転センターの支援や産学の協力に対してサポートを進めていった。

ハイテク州に変貌するきっかけとなったのは、前首相のエドムント・シュトイバー博士が就任した翌年、１９９４年から継続的な政策「バイエルン－未来への積極策」を導入したことだろう。これにより、先端技術や教育、研究などの分野に対し重点的に予算が割り当てられた。また「所有するより構築を」というモットーが掲げられ、既存の研究機関や大学の支援、あるいは起業センターの設立などに注力。研究成果を市場へ送り出す流れをつくった。こうした取り組みは、特定地域内の研究分野と経済分野を結びつけるクラスター政策として結実する。またこの政策が実施されてから10年で、州の特許件数は国内で最も多くなった。２００5年には医療やバイオなど3分野18のクラスターを形成するにいたるが、エアランゲンの取り組みもこの中に入っている。しかも各自治体や地域の独自の取り組みを考慮に入れると、実は重なりあうクラスターもあるため、正確な数の把握は難しい。またエアランゲンとバイエルン州の関係を見ると、州が上からクラスター政策を進めたというよりも、自治体や地域の取り組みと歯車が噛みあうかのようなかたちで州の政策が成り立っている。

さらに近年、欧州の重心が東へ移ってきているという事情も加わる。冷戦後のEUは拡大の一途にあるが、2004年には中東欧の10ヶ国がEUに新規加盟。2007年にはブルガリアとルーマニアも加盟した。地図を見るとよくわかるのだが、バイエルンはチェコと接しており、西欧諸国にとって東への玄関口となる。拡大したEUにおいてはちょうど中心になる。たとえば同州はスイス領事館と共同で州内のスイス企業220社にアンケートをとったことがあるが、「EUマーケットにアクセスしやすい立地」ということが州内に拠点を置くメリットとして挙がった。ニュルンベルクにいたっては歴史的に交通の要衝であったところだ。欧州の拡大によって本来の地理的条件を取り戻したかたちで、同市経済局のある人物は「ニュルンベルクは中世に戻ったんだよ」と語ってくれたことがある。

◈近隣地域連携

エアランゲンにはフュルト（約11万人）、ニュルンベルク（約50万人）という都市が隣接しているわけだが、この3都市を合わせるとだいたい人口規模が70万人程度になる。ドイツの自治体の規模は日本に比べて小さいが、バイエルン州では人口10万人以上を「大規模都市」としている。そこでもう一度地図を見ると、バイエルン州の中で大規模都市が隣接しあっているのは、この3都市だけなのだ。しかも、この周辺地域をフランケン地方というが、200年ほど前まではバイエルン州ではなかった。そのためミュンヘンを中心にした古くからのバイエルンとは文化も異なる。アイデンティティもいまだに堅固にある。3都市はフランケン地方という属性を共有し、その上で大都市が連携することが多い。これが同地方の経済政策を強めているといえる。エアランゲンを「医療都市」、その周辺を「メディカル・バレー」とするのは日ごろの連携から考えると違和感はまったくない。前述したビジネス・インキュベーターIGZもエアランゲンにつくられたとはいえ、この3都市が協力しあっている。

エアランゲンを中心に医療都市の話を進めてきたが、ニュルンベルクを中心とするミッテルフランケン（中部フランケン）地方で「オートメーション・バレー」をつくる動きもある。これもクラスターと考えて差し支えないだろう。御多分に洩れず、この動きも地域の調査に端を発する。2001年にミッテルフランケンの商工会議所（ニュルンベルク）が調査を実施。オートメーションを扱う企業がニュルンベルク地域に200社以上、2万人が従事していることがわかった。これはドイツのオートメーション関連の約10%に相当する規模だという。「オートメーション」と一言でいっても、市場、製造、システム導入、ユーザーなど見方と立場によってばらばらで全体像がわかりにくかったが、調査によって地域の特徴が顕在化。この調査を受けて交流会をつくることになる。エアランゲンに産学協同で設立されたソフトウエアのクオリティに関する非営利法人もあるが、こちらでもオートメーションをテーマにしたワーキンググループがつくられている。

そして、ソフトウエア、システム、ネットなどテーマ別にセミナーなどを定期的に行い、2004年11月に正式に「オートメーション・バレー」をスタートさせた。クラスターの生成としてはまだ初期段階だが、今後の動きに期待がかかる。

バイエルン州内のクラスターの数は正確にはわからないと書いたが、実はこういった州の「公式クラスター」以外の取り組みがあるためである。また、こんな調査も行われている。クラスター関係のプロジェクトを手がけるヨアッヒム・モラー博士（レーゲンスブルク大学経済学部教授）はバイエルン東部の100社にインタビューやアンケートを行った。「東部」と対象エリアをぼかしたのは、クラスターといっても行政的な区分ときっちり重なるわけではないからだ。調査の結果、各企業が公表している情報以上に、企業同士がつながりを持っており、当初五つ程度のクラスターがあると考えていたが、調査の結果、九つもあることがわかった。さらに各クラスターがお互い結びついているのが見えてきた。近年、企業は地域性に関係なく、取引を行っているような印象があるが、地元での調達が実は多い。それでいて矛盾するようだが、企業は自社に関係しない隣の会社についてよく知らない。そして地域の全体像が見えていないということもわかったという。ともあれ、地域の経済事情をトレースしていくことで、クラスターが浮き彫りになり、地域連携も含む経済政策の戦略も構築しやすくなることがよくわかる。

興味深いランキングがある。2004年にシンクタンクのプログノスと経済専門紙「ハンデルスブラット」が共同で行った調査で、バイエルン州内にはポテンシャルの高い自治体が多いことが明らかになった。

◈未来への潜在力を競う

この調査は「人口統計」「労働市場」「競争とイノベーション」「経済的豊かさと社会福祉の状況」の4分野29項目から自治体を評価するもので、ドイツ全国439の市と地域が対象。自治体の規模に左右されない相対的な競争力を算出するものである。調査の結果は、購買力、失業率、人口移動、犯罪率、自治体財務といったものを目安に7段階に分けられる。またランキング評価をする際に、若い世代の人口流入が増えている傾向が強いところほど、魅力があるという評価をつけたほか、現在の産業地域としての強さと変化に対する強さを数値化した。その結果、技術力の高さがランキングの高さにつながる傾向があった。このランキングのトップに輝いたのがバイエルン州のミュンヘン郡部（同市および周辺地域）。市のみのランキングでもミュンヘン市がトップだ。経済構造、低い失業率、競争力の強さがその理由だ。エアランゲンはというと全体で7位。市のみのランキングではダルムシュタット（人口約14万人／ヘッセン州）、ハイデルベルク（人口約14万3000人／バーデン・ヴュルテンベルク州）に次いで4位につけている。

参考までに、金融の中心地であるフランクフルトは11位、日本企業の多いデュッセルドルフは

18位と健闘している。ちなみに首都ベルリンは262位だ。またドイツ全体を見ると、イェーナ、ドレスデン、ポツダムでは経済的な発展が見られるものの、旧東ドイツにはランキングの低い市・郡部が集中する。一方、バイエルン、バーデン・ヴュルテンベルク、ヘッセンといった旧西ドイツの州には将来性のあるところが多く、旧東西ドイツの差が明らかに出ている。この調査レポートでは、15年後を見据えた戦略的インフラ整備に加え、市単位ではなく近隣地域のネットワーク化を進め、地域が持つ強みを伸ばすことが肝要としている。

このようにドイツの自治体は独自性を伸ばして競いあっていることがうかがえるが、これは自治体の自治能力を高めることにつながる。同時に自治体同士が協力することで、単独での取り組みの限界を超えようとしているように見える。こうした動きは、ドイツ国内を越えて、ＥＵ内でどういったポジションを獲得すべきか、という意識ともつながっている。自治体間の競争と協力がドイツの国力の屋台骨を支えているといえよう。

CHAPTER 5

文化は飾りではない

1　街のアイデンティティを高める文化と政策

◈誇りを持てる街とは

　ドイツの地方都市を見ていくと、地域主義とでもいうようなマインドがあり、ともすれば国とも対立する強さがある。地方分権が成り立つためには法律や税制など仕組みの問題も重要だが、地域のアイデンティティの醸成も大切な課題だ。これは、日本の地方分権の議論の中では目の届きにくい部分である。地域のアイデンティティとは、地域そのものの独自性を見出し、地域の横顔を絶えず更新・創造していく行為を通して顕在化する。これを政治の枠組みで行うのが文化政策といえよう。そもそも欧州を見ると、啓蒙主義の時代から国民国家の時代にかけて、独自の文化や伝統を必要とした。これらのない国はアイデンティティがないのと同様で、一人前の国ではないということを意味する。欧州で文化が政治の遡上に上がるのは、こういった歴史が背景にある。もちろん、文化が政治でコントロールされる場合の危険性もある。かつて日本で文化政策を論じられることが少なかったのも、文化統制を思わせることがあったためだろう。それにしても、日本では文化が国や自治体の存在感に重要な役割があるという認識そのものが欧州に比べて薄いのではないだろうか。

現在の文化政策はさまざまな意義や役割があるが、ドイツの州や自治体の様子を観察していると、それぞれの独自性や存在感をつくりだそうという方向性が見てとれる。たとえば州や自治体は文化基金を創設するケースがよくある。この基金の創設そのものが一種の戦略と見るべきで、映画基金であれば製作立地としての魅力を高め、さらに映画作品に街の風景を登場させて自治体マーケティングにつなげるといった発想まで見出せる。また文化系のフェスティバルなども自治体の特徴を発揮させる役割を担う。街の人々にとっては「わが街のフェスティバル」として楽しめるほか、人に街を紹介するときに「私の街ではこんなフェスティバルがある」といった風に自慢げに語ることもあろう。こうして自分の住む街に対する誇りや愛着が育まれていくのだ。

企業のコーポレート・アイデンティティのことを「ＣＩ」というが、文化政策を「シティ・アイデンティティ」と読み替えることができるのではないか。ＣＩとはロゴやシンボルのイメージだけの話ではなく、企業の存在価値とか社会的な役割を企業の内外に行う意思表明だ。それによって対外的なイメージと実際の行動に統一性を持たせる。そもそも人の頭にある街のイメージとはかなり表面的なものだが、街の独自性をアイデンティティとして捉え、イメージと現実を一致させるのが文化政策の一つの大きな目的でもある。

◈芸術は生活に欠かせない

芸術をなぜ公的に扱わねばならないかという議論は日本でも専門家を中心に活発に行われてきたが、ドイツの自治体では公的な文化・芸術フェスティバルが当然のように行われる。市営のミュージアムがあり、市営の劇団やダンス・カンパニー（舞踊団）などを持つところも少なくない。劇場も往年の求心力はなくなっているが、それにしても依然として街の文化の象徴だ。

なぜこうなるかを一言でいえば、芸術は生活の質を支えるために欠かせないものというコンセンサスがあるからだ。芸術は街の生活インフラなのだ。これは日本社会から見たときに理解が難しいことの一つなのだが、まず日独では余暇スタイルが異なる。日本に比べてドイツの余暇は安上がりだ。ドイツでは今も、散歩や芝生の公園でくつろぐ、友人・家族と語らう、こういった余暇を過ごす人がまだまだ多い。エアランゲンの周辺には森がたくさんあるが、休日ともなれば三世代揃った家族が散歩する姿が数多く見られる。この背景には、商店の平日の閉店時間を定め、日曜日の営業を禁じる閉店法があるため、日曜日に買い物ができないという事情もある。それにしてもフェスティバルや劇場・ミュージアムに一定の求心力があるのは、ドイツの余暇スタイルがベースにある。閉店法も人々の語らいの場を提供するカフェやレストランは対象外だ。また90年代後半からイベント型の催しが増えているが、それでも商業主義というよりもフェスティバルの形式が多い。

エアランゲンの話に戻すと、生活インフラである文化を年1回、皆で考えようという「カルチャー・ダイアローグ」なるものがある。「文化余暇局」が2003年から始めたもので、毎回1日かけて行われる。専門家の講演に始まり、パネルディスカッション、分科会とその結果発表というのがおおよその流れだ。これまで「明日の文化の〝お客〟」「文化での学び」「アーティストは街を描く、(同時に)街を特徴づける」といったテーマが掲げられた。2004年の「街にとって文化はどれぐらい必要か」というテーマのときには、パネルディスカッションに、学者、文化専門の市会議員のほか、商工会議所、教会の各代表が揃った。政治・経済・学術・宗教といった方面から街の文化が検討された。文化はそもそも幅広い概念だが、街の文化はさまざまな分野から語りうるテーマであることがわかる。

カルチャー・ダイアローグ「街にとって文化はどれぐらい必要か」(2004年)。政治、経済、学術、宗教の専門家が顔を揃えた

分科会ではモデレーターがつくが、議論はテーマに対する「現状認識」「現状認識に対する批評」「ポジティブな意見を出す」「具体策」といった順に進められる。決して高いレベルの発言ばかりでもないし、モデレーターの手腕で議論の質やまとめ方が左右される。それにしても、言いっ放しにならない仕組み

で分科会は進む。参加者は毎回100〜150人程度。行政やフェライン（非営利法人）、教育関係、アーティストなど文化に携わっている人が集まる。テーマによってやや顔ぶれが変わるが、いずれも街の文化を引っ張っている人たちだ。エアランゲンには多くの文化的な動きがあるが、それぞれのネットワークが希薄だった。「カルチャー・ダイアローグ」はこれを問題視し企画された。当初50人も来ればいい方だと考えられていたが、その予想は見事に裏切られ、盛況だ。

文化とは個人によって左右されるもので、「決して民主的なものでもない」（ロスマイスル博士）。また、ある程度制度的な枠組みや組織ができている状態にあって、大胆な改革などはそれほど期待できるものでもない。それでも、限定的でも民主的に話しあう機会を設けるのは、文化政策は市民のものであり、市民に一番身近なものだからだ。ここから出たアイデアはフェスティバルのプログラムに反映されるなど「小さな民主的改革」が起こる。こうして生活インフラである「文化」が展開されている。

◈統制にならないコントロール

文化政策の役割とは何なのだろう。エアランゲン市の文化の責任者であるロスマイスル博士は「一言でいえば、具体的な場で文化的な動きを実現できるようなサポートをすること」だと言う。つまり文化の動きに対してお金を出すことや、文化に対する興味の喚起、文化の場をつくることだ。ここでいう「場」とは劇場などの具体的な施設を指すのではなく、あくまでも文化的な動きが生み出せる環境整備そのものを指す。こんな風に書くと、ドイツの自治体は「文化天国」に見えるかもしれない。が、政策とは戦略である。街にとって文化は人々の生活の質を高めるものだが、それにしてもそもそも民主的な性格のものではない。それだけに街は文化に対して能動的でもある。ロスマイスル博士は、「市民が行かないような劇場は運営方法そのものに問題がある」と手厳しい。観客からまったく支持のない芸術やマス・カルチャーともいえる芸術に対して手出しする必要はないが、必要だと思われる芸術の観客を維持することが仕事というわけだ。

ここで問題にしなければならないのは、官が芸術に対して価値づけをしているということだ。ともすれば、それこそ文化統制になる可能性も考えられるが、そこには街の存在感や特徴をかたちづくることのみならず、生活の質を支えるという市民に向けた視線がある。さらにロスマイスル博士をはじめ、芸術や文化の非効率性と必要性がわかる「文化役人」がいるので先鋭的な芸術を扱うこともできるのである。コントロールはあるが、決して統制にはならない。もっとも、それでも自治体は人々のアートの好みに対して影響を及ぼすことがある。ロスマイスル博士によると、ニュルンベルク市では音楽の担当者が変わったとき、クラシックより現代音楽をサポートした。そのおかげで劇場の予約チケットの販売は減った。昔からの客が逃げたのだ。ところが、5年の任期中に現代音楽のコンサートの座席の90%が埋まるようになっていた。

「ユーロビジョン　文化プラス10」の担当者、ゲオルク・グラフ・フォン・マチュシュカ氏。欧州という視点から地域を見ている

◈アイデンティティに対する強い意識

地域の存在感を認識・提示する役割も文化プロジェクトが担う。２００４年に10ヶ国がＥＵに加盟したが、それと伴走するかたちで、２００５年にエアランゲンおよび周辺3都市が共同で「ユーロビジョン　文化プラス10」というプロジェクトを行った。担当したのはゲオルク・グラフ・フォン・マチュシュカ氏。当時はエアランゲン市文化余暇局の所属だったが、２００７年からは欧州メトロポリタン地域ニュルンベルク全権代理人になっている人物だ。バイエルンはチェコなど新ＥＵ加盟国になった東欧の国境と接しており、エアランゲン周辺地域の「ミッテルフランケン地域」は欧州全体の中心に位置するという、冷戦以前の地理的条件に戻ってきたような一面がある。そんななかで新ＥＵ加盟国のアーティストによる展覧会や音楽、映像作品を通じて文化を紹介しつつ、文化や経済における同地域の歴史的役割や地理的な位置づけを再認識しようという意味合いもある。文化・歴史によって地域なり都市の存在感を明らかにしていこうという思考がそのベースにある。

エアランゲン市市営劇場で各分野の専門家によって行われた討論会（2003年）

文化プログラムを通じて街のアイデンティティが表明されるが、時々、ドイツの人々のわが街のアイデンティティに対する並々ならぬ強い意識に驚かされることがある。

たとえばエアランゲンの隣、フュルト市では市の１０００年記念のプロジェクトの一環で「マイム・マイム」（２００7年11月）というダンス作品が上演された。出演ダンサーは世界中から33人。同市はユダヤ系市民の多かった街だが、戦争中33人の子供が孤児になり、そして最後はポーランドの収容所に収容されたという歴史的「事件」があった。ダンサーの数はこの子供たちを象徴するもので、とりわけ鎮魂のダンスといったところであろう。芸術によるプロジェクト化することで「街の記憶」を顕在化させていく。こうした取り組みは街のアイデンティティを執拗に描き、確認していくわけだ。

さらに、こんな「事件」もエアランゲンにあった。２００３年の9月、市営劇場で「狼たち」という演劇が上演される予定だったが、約１ヶ月遅れた。発端はハンブルクのユダヤ人著述家、ラルフ・ジョルダーノ氏からの公演中止を求める公開書簡だった。作品内容がナチスに触れるもので、原作者（故人）も

カバレティストのクラウス・カール＝クラウス氏

エアランゲン市市営劇場の責任者、サビーナ・ダイン氏

ナチスの党員だったというのだ。この一件はドイツの全国有力紙でも報じられた。同作品は男女6人の物語で、男性はUボートの乗組員という設定。乗組員を恋人に持つ女性の心の葛藤が見所の一つではあるものの、作品そのものはナチスを賞賛する内容にはなっていない。それにしても、ナチス問題はドイツのアキレス腱だ。街ではさまざまな議論が交わされたが、ロスマイスル博士は早々に「上演をやめるつもりはない。劇場およびアートの自由だ」と表明。劇場運営責任者のサビーナ・ダイン氏も「目的があって取り上げた作品」と上演意思を述べた。しかし、議論は大きくなるばかりだ。遂には市長や議員、一般の人たちに向けて試演する機会が設けられた。芝居の中身を確かめた上で議論しようというわけだ。その結果、上演時期を延期して議論を活発化させ、展示なども併せて行うということになった。また法律やメディア、ドイツ語、演劇学といった各分野の地元の専門家が顔を揃えて公開討論会も行われた。この一件は「ナチスがらみ」という

こともあり、政治と文化など、多くのテーマを内包しているが、街中の議論で大きな争点になったのは上演によって街のイメージがどうなるかだった。

また「文化のプレーヤー」を見ても、アイデンティティ強化につながっているような行為がある。エアランゲンの風刺のお笑い芸「カバレット」の芸人クラウス・カール＝クラウス氏は社会や政治を皮肉り、人々を笑わせるが、題材にするのは地元だ。エアランゲン周辺地域のトレンドを映し出す一方で、世界中の問題を地元の方言でお笑いにする。「地元」を芸で造形し、地元のメンタリティが出やすい方言という「道具」で世界をネタにするのだ。

2　街が浮き立つフェスティバル

◈街が開放感と一体感に包まれる

欧州ではどんな小さな街でも文化系のフェスティバルが行われるが、エアランゲンの様子を見てみよう。同市の主なフェスティバルは、2年ごとに行われる「国際コミック・サロン」と「国際フィギュア・フェスティバル」。そして「詩人の祭典」と学生主体で行うパフォーミングアーツのフェスティバル「アリーナ」が毎年行われる。

欧米のフェスティバルに参加した人は、日本のフェスティバルに比べて「開放感と一体感があ

2002年に行われた1000年記念のイベント。街がアートの舞台になる

っていい」と感じることが多いようだ。これはエアランゲンの様子を見ても同様の印象を受ける。なぜなら、街中にフェスティバルの雰囲気が漂っており、街そのものがうきうきしている感じがするからだ。つまり、外から来る人にとってもすぐ一緒に楽しめるような空気がある。フェスティバルといえば「祭典」などと訳されるが、まさに「街の祭典」なのである。お祭り気分を盛り上げるためにはもちろんそれなりの設えもある。エアランゲンの場合は、ほかの多くの街と同様、メインストリートにはのぼりが立ち、いたるところにポスターが貼られる。

フェスティバルは街そのものを日常とは異なる姿にして見せてくれる。２００２年のバイエルン州劇場フェスティバルはエアランゲンで行われた。これは毎年州内で持ち回りで行われるもので、２週間ばかりの期間中、州内34の公立の劇場から45作品50公演が上演された。その中に24時間かけて24ヶ所で次々とパフォーマンスが繰り広げられるというユニークなプログラムもあった。午後8時、宮殿庭園の一角でエリック・サティ作品のピアノ演奏で幕を開ける。街のバーで行われた独り芝居は大入り。仕方なしに窓から覗く観客もいる。市街にある橋の下ではたくさんの灯りがともされ、詩の朗読が行われた。真夜中になっても観客の数は減らない。たとえば劇場の通路ではピアノ、サックス、ギターの演奏をバックにダンスパフォーマンスが繰り広げられた。時間は午前2時。それでも１００人程度の観客が取り巻いた。通路を使っているから、十分「満員」の人数である。それから観客の様子も興味深い。一つの公演が終われば、真夜中でも老若男女がぞろぞろと次の場所へ移動するのだ。たとえば老夫婦が次の公演を待ちながら語らい、「ふふふ」と笑ってキスを交わす。こんな様子を見ていると、文化の催しそのものがこの夫婦の生活の一部になっているのだろう。

翌日の昼間には軽妙で楽しいものもあった。アコーディオン奏者とスティックを持ったパーカッショニストが即興でベンチやごみ箱、看板などを打楽器にして演奏をするというものだ。街の中心から劇場まで1曲終わるごとに少しずつ移動するのだが、大人も子供もじっと見入り、演奏が終わると歓声をあげ、次は何を打楽器にしてしまうのだろうとわくわくしながら目を凝らす。この行列に買い物途中でついていってしまったような人もいる。「ハーメルンの笛吹き」のお話を思わせるような光景だ。

パフォーマンスやダンスのフェスティバル「アリーナ」でも毎回、積極的に街の中で公演を行う。たとえば、エアランゲンにはビール祭りが行われる丘があるのだが、ここにはビールを貯蔵しておく地下トンネルがある。蟻の巣に入ったような錯覚に陥るようなところだ。人々はいろいろな仕掛けが設えられた迷路のようなトンネルを歩き、広い洞窟に辿り着く。そしてその洞窟で演劇作品が上演される。

閉店後のスーパーが公演会場になったケースもあった。「出演者」はスーパーの店内にさり気なく現れる。ぶつくさ電卓片手に買い物カートを押す「ケチな主婦」がいたり、そうかと思えば突然冷凍食品のケースのそばで「店員」がダンスを始める。「観客」はスーパーという日常的な場所を「出演者」たちと一緒に歩き、「出演者」が突然始める出来事を見ることになるわけだ。

劇場フェスティバルの24時間プログラムや「アリーナ」は、アーティストと街の空間がどうコラボレーションするかが見所で、公演が始まると街がそわそわしだし、人々はわくわくする。

◈日本の漫画も人気の国際コミック・サロン

「国際コミック・サロン」は1984年から2年ごとに行われているフェスティバルだ。隣国フランスではコミックのイベントが昔から盛んだったが、これ以前にはドイツ国内に同様のフェスティバルはなかった。が、今では毎回、ドイツ国内、およびドイツ語圏の国々からコミックファンがやって来る。もともとドイツでは「コミックは子供のもの」として評価は低かったが、それに対して高い芸術性を持つメディアとして捉え直すことから始められた。「それまであまり知られていなかったメディアの『場』をつくるのが目的。文化的な動機があった」と言うのは、事実上のプロデューサーとして活躍していたカール・マンフレット・フィッシャー氏（文化余暇局）の弁である。このイベントを同氏が発案したとき、「コミックは文化と関係ない」など反対の声も多かったが、年々規模は大きくなり、街全体への経済効果もある。実際、イベントの期間中、ホテルは満室状態。一般の小売店、デパート、レストランなどでも売上げが上がる。また3回目の88年には国内外含めて新聞、雑誌に４００本の記事が書かれ、40本のテレビ放送が行われた。コミックの場をつくることで「国際的にエアランゲン市が知られ、観光客の増加にもつながった」（フィッシャー氏）。

加えて90年代半ば以降、じわじわと日本の漫画が「ＭＡＮＧＡ」として若者の心を捉えるようになり、「コミック＝子供のもの」という図式は成り立たなくなってきた。私は98年、２００２、04年、06年と4度ばかり取材しているが、日本のＭＡＮＧＡの存在感は毎回高まっているような印象を受けている。いずれの時も日本の漫画家が招聘されており、フェスティバル期間中には街の中央駅にもコミックのキャラクターがあしらわれたパネルなどが設置される。２００２年にはＭＡＮＧＡブームに乗じてカラオケコーナーができ、茶道のグループが参加する

国際コミック・サロンのプロデューサーだったカール・マンフレット・フィッシャー氏

市のゲストブックに署名した「名探偵コナン」の作者、青山剛昌さん(右)とバライス市長

など日本文化そのものを紹介する趣向が凝らされた。2006年には「名探偵コナン」の作者、青山剛昌さんが招聘され、サイン会や「ファンとの語らい」といったプログラムも組まれた。市のゴールデンブック（ゲストブック）にもコナンの顔を描き、署名。バライス市長と握手を交わした。

コミックが子供のものだという評価が一般的であった時代に、コミックをメディアとして捉え直す試みを市のフェスティバルとして始めたという点は、フィッシャー氏の先見性と見るべきだろう。すでに同氏はリタイアしたが、文化の行事のたびにまだまだ元気な姿を見せることがある。

◈ピクニック気分で野外イベントを楽しむ

市街の中心に宮殿庭園がある。18世紀にできたバロック調の庭園で、280×550メートルの長方形。宮殿部分は現在大学になっている。庭園には噴水があり、その周りには色彩豊かな花が咲く。そして緑の芝生が絨毯のように広がり、木々が茂る。ちょっと時間があれば、街を歩くときに庭園を通っていこうかという気にさせる場所で、間違いなく街のシンボルである。そして街を歩くこと自体を愉しくしている。毎年行われる「宮殿庭園フェスティバル」では正装した紳士淑女が集い、かつての王宮の輝きを彷彿とさせるが、普段は人々のくつろぎの場所だ。天気のいい日の庭園には、散歩する人や、寝そべってリンゴをかじったり、本を読んだり、日光浴をする人の姿がある。

宮殿庭園コンサート。青空の下、音楽が楽しめる

こうした日常の延長に芸術や文化に触れることができるのも欧州の街らしい。たとえば1977年以降、毎年無料で行われているのが宮殿庭園コンサート。5月から8月にかけて計8回程度、日曜日に行われる。コンサートといってもアーティストは大きなパラソルの下で演奏するだけ。少し大掛かりなストリートミュージシャンの演奏といった感じの簡単な設えだが、演奏される音楽は幅広い。宮廷音楽や教会音楽、タンゴ、ジャズ、東欧のユダヤ音楽「クレッツマー（クレズマー）」、子供向け音楽など毎回異なる。モンゴルの民族音楽が演奏されたこともあった。聴衆は老若男女。たまたま庭園に来た人が足を止めていくことも多いが、あらかじめコンサートを知っている人は始まる時間に合わせて集まって来る。のんびり聞き入る人も多い。弁当を広げる人もいる。

こんなコンサートにワンシーズンに5000人の観客がやって来る。

宮殿庭園はフェスティバルのときにも重要な場所になる。「アリーナ」や「国際フィギュア・フェスティバル」といった舞台芸術や身体表現系のフェスティバルではたいてい野外パフォーマンスがプログラムに組み込まれている。パフォーマンスを目的に集まって来る人もいるし、たまま散歩で通りがかった人も「ほう」といった顔で立ち止まり、楽しんでいく。子供たちは興味津々だ。

毎年8月末に行われる文学フェスティバル「詩人の祭典」では庭園の心地よさ、立地のよさが最大限に発揮される。同フェスティバルは著述家・批評家などによるシンポジウムや朗読のほか、展示やコンサートなども行われるもので、劇場なども会場になるが、メイン会場は庭園だ。簡易舞台では1日中、朗読やスピーチが行われる。人々は芝生に寝そべったり、ビールやコーヒーを飲みながら聞き入る。「著述家の生の声が聞ける。著書の背景がわかっていい」と毎回楽しみにしているファンもいる。ほかにも子供向けの朗読やワークショップなどの場所もつくられる。

2005年の同フェスティバルでは当時の連邦家族大臣レナテ・シュミット氏がこの庭園に登場したことがある。家族をテーマにした作品を執筆している男女4名の作家たちとモデレーターを加え、「家族－終わりに向かっている?・」というパネルディスカッションが行われたのだ。芝生に椅子を並べただけの「舞台」で、その前には聴衆が思い思いに座って聞き入るという光景が見

庭園で行われるパフォーマンスに人々は足を止める

庭園は「詩人の祭典」のメイン会場になる

「詩人の祭典」に参加した連邦家族大臣レナテ・シュミット氏(2005年)

られた。家族政策はドイツでも関心の高いテーマだが、「フェスティバル」という間口の広い形式で催されるのが面白い。また夏の太陽を満喫しながら緑の公園でややもすれば硬派の議論が展開されるのも楽しく知的好奇心や社会的関心を喚起する。公園の有効利用とか文化的な雰囲気をつくろうという気負いもなく、普段のくつろぎの場に文化や芸術を設えられているのがわかる。

◈街の狭さが愉しい音楽酒場巡り

エアランゲンの市街には狭いエリアに何もかもぎゅっと詰まった集積構造がある。こういう街は施設や建物を活かすことで本領を発揮することもある。「ホンキートンク・クナイペ・フェスティバル」（クナイペは酒場の意）の会場は、市街地に位置する約30ヶ所のライブハウスやバーだ。日本語でいえば「音楽酒場フェスティバル」といったところか。主催はブルース・エージェンシー（シュバインフルト市）という企画会社。一つの街の中でクラブやパブなどをネットワーク化し、街中を音楽イベント会場にするのが催しの狙いだ。１９９３年にシュバインフルトで行って以来、さまざまな街で展開するようになった。

午後8時になると、各会場で演奏が始まる。リズム&ブルース、ロック、ラテン、ジャズ、ロカビリーなど多彩だ。お客は一定の料金を支払うと腕につけるリボン状の目印を受け取る。これをつけていれば、各会場を自由に入場できるというわけだ。ロック世代の親とその子供が熱い演奏が行われているバーで顔を合わせるようなこともある。普段、夜の市街は一部を除くと結構静かだ。しかし、この日は店名と演奏される音楽のジャンルが載った地図を片手に会場を「ハシゴ」する人の姿があちらこちらにある。一晩で８０００人程度の人々が「音楽酒場」を愉しむ。

エアランゲン芸術協会の主導で年に一度、日曜日に市街十数ヶ所のギャラリーやミュージアムが開放される日もある。ドイツでは日曜日の商店営業が法律で規制されているため、休日の街といえば閑散としているが、この日は市街のあちらこちらのギャラリーで、ワインを片手に作品を論じあう姿を見かけ、鑑賞する楽しげな声が聞こえてくる。そして、人々は談笑を続けながら次のギャラリーへと向かうのだ。

２００５年の夏には市街の五つの教会が夜になると一斉にオープンにするという催しもあった。ある土曜日の午後7時50分に一斉に鐘が鳴らされ、各教会ではオルガンや合唱など、教会音楽が演奏される。大通りには週末の夜を楽しむ若者たちがうろうろしているが、そんな中を明らかに教会を巡回している老夫婦などがちらほら。そっと教会の中に吸い込まれていく。翌日の日曜日は街の中心にある広場でミサが行われた。

「音楽酒場フェスティバル」はもとより、ギャラリーも教会も共同でドアを開くということ自体、一種のお祭りで人をわくわくさせる。それにしてもこういった取り組みが成立するのも歩いてまわれる程度の街の小ささにすべて収まっているからといえる。

街が狭いからこそ成り立つ音楽酒場フェスティバル

オープン・ギャラリーでは談笑がはずむ

教会の中で教会音楽が演奏されるオープン・チャーチ

◇ビール祭り

ドイツといえばビールを想像する人も少なくないだろう。エアランゲンでも毎年5月末から6月頭の12日間、「ベルクキルヒヴァイ」というビール祭りがある。期間中の特定の日は会社が半日で終わるところも多い。丘の上が会場になるので、「ベルク（丘）へはもう行きましたか？」が挨拶になる。祇園祭のときには京都の会社は仕事にならないようなところがあるが、それとよく似ている。集客数は毎年１２０万人程度。単純計算すると１日10万人。同市の人口と同じくらいの人々が訪れるわけだ。同市にはかつて12を超えるビールの醸造所があったが、現在は２社。この２社はビール祭り専用のビールを毎年醸造する。ビール祭りは市長が樽を開けるところから始まり、このときは多くの報道陣のカメラが向けられる。ドイツにはそれぞれの街や地域にビール祭りがあり、まさに「そこに住む人々の祝祭」なのである。エアランゲンのビール祭りが始まったのは１７５５年。ミュンヘンの「オクトーバーフェスト」（１８１０年）よりも古い。

ビール祭りのベルク（丘）へ向かう人たち

　ビール祭りでは、屋台や移動遊園地が設置されるので、子供や若者にとっては大騒ぎの機会だ。楽隊の音楽が流れるなか、人々は友人や家族連れでブレッツェルというパンなどを肴に1リットルの陶製ジョッキでビールを飲み、語りあうのである。そして、普段は「仕事の後の一杯」がないドイツだが、ビール祭りのときは、経営者同士や仕事仲間、同業者、フェライン（非営利法人）のメンバーなど、「社会の諸団体」が集まり、仲間意識を高める機会になるのだ。

さて複数の催しを取材していると、私のような「外国人」にはビール祭りの形態が一つの「集まり方」の様式になっているように思えてくる。細長いテーブルに背もたれのない5人がけのベンチに向きあって座る。これは「ビアバンク（ビール・ベンチ）」と呼ばれるもので、この大きさは皆で話をするにはちょうどよい。そして野外での飲食の定番だ。後述するが、ドイツでは施設などの門戸を一般に公開する「オープンドア・イベント」（6章で詳述）がよく行われる。そこではたいていビールや軽食を楽しむ場所がつくられるが、同じようにビール・ベンチが並ぶ。個人宅の庭でパーティをするときにも使われることがある。

数々の催しの中でビール祭りを前面に出しているのがエアランゲン市内のビジネス・インキュベーターIGZで行われる「ハイテック・ビール祭り」だろう。１９９０年から2年ごとに行われている。もちろん、野外にはビール・ベンチが並び、ちょっとした楽隊が音楽を演奏する。仮設テントが設置され、中では入居しているベンチャー企業などの技術や商品が見本市のごとく並

祭り用のビールのお披露目をする地ビール会社

ビール祭りは社会の諸団体が集まる機会でもある

インキュベーターIGZで行われる「ハイテック・ビール祭り」でもビール・ベンチが並ぶ

ぶ。入居企業もオフィスを開放しているので、見学ができる。市長はじめ州や地方の経済局の要人が毎回視察にやって来る。ビジネスマンたちはジョッキ片手に語りあう。子供向けのコーナーもあるので、地元の親子連れの姿も結構見かける。このハイテック・ビール祭りには毎回2000人程度が訪れる。ドイツのビール祭りが持つコミュニケーション文化がビジネスともつながっている様子がよくわかる。

CHAPTER 6

活発な情報流通とコミュニケーション

1　地域資源の発見・PR

◈地域内万博「科学の夜長」

エアランゲンと隣接するニュルンベルク、フュルトの3都市を舞台にした「科学の夜長」というイベントがある。一言でいえば、「地域内万博」というのがぴったりくるだろうか。万博といえば広大な会場にいくつもパビリオンが並ぶという光景を思い浮かべる人が多いだろうが、「科学の夜長」では3都市が会場に、そして地元の企業や病院、大学、研究機関が「パビリオン」となり、地域内の「科学」を紹介するというわけだ。チケットを購入すれば、どの「パビリオン」でも入ることができる。

このイベントは土曜日の19時から深夜1時まで行われる。２００３年10月に初めて行われたが、この年、パビリオンとして建物を公開したのは１５０の企業、大学、大学病院、研究機関。そして各施設で技術の展示やこの日のために３００ものアトラクションなどが用意された。各会場の入口ではシンボルカラーのグリーンを使った照明などで建物や看板を照らす。日本に比べてネオンや街灯が少ないドイツにあって、この緑の照明は「博覧会会場」としての雰囲気を実に効果的に演出する。

エアランゲン大学の図書館では復元された昔の閲覧室が紹介され、中世の僧院の秘密を解き明かすサスペンス「薔薇の名前」の映画を一室で上映するといった具合だ。この映画では本が大切な役割を演じる。ほかにも本のバザーや活版印刷技術を用いたアーティストのワークショップが行われる。

シュテットラー社の鉛筆づくりのイベント。人気の鉛筆職人さんは中世を思わせる。同社の工場なども見学できる

レーザー技術の研究所では最新の技術の解説や映画が上映される。技術ベンチャー企業のインキュベーターのカフェではDJが賑やかにダンスミュージックを流す。その傍らで、老眼の擬似体験ができる器具のデモンストレーションや、骨の治療技術が紹介される。ほかにもソーラーエネルギーの機関、MP3の開発で世界的に有名になったフラウンホーファー研究所、大学病院の脳外科など多彩だ。

企業や大学だけではなく、農業地帯も舞台になった。クノーブラウフスランドと呼ばれる農業地帯では寒空の下、農業用水の技術が紹介され、治水のコントロールルームでは敷設工事の映像が映された。

このイベント、企業にとっては地域社会との関係づくりに一役買っている。日本でも知られる鉛筆の老舗、シュテットラー（ニュルンベルク）でも鉛筆がつくられる過程やインクに関する技術の紹介が行われた。「学生からワーカーまでさまざまな人が訪ねてくれた。また、イベントを通じて多くの報道関係者、顧客、興味を持ってくれる人との接点をつくる機会にもなった。地域との関係づくりにとって大変重要なものになった」（広報担当者）。同社にはこの夜、約1000人が訪問した。

立体物のスキャン技術の3D－シェイプ社。ゲルト・ローバサー副市長（左）と州経済インフラ運輸技術大臣（当時、左から2番目）のオットー・ヴィースホイ博士が見学（2005年）

医療ベンチャーのインキュベーターIZMPでもさまざまなかたちで企業の技術紹介が行われた。カフェには簡易舞台が設えられ、医療風刺のコントが行われる一幕もあった。同インキュベーターに入居している3D－シェイプ社は立体物をスキャンする技術を開発したベンチャー企業。科学の夜長のときに同社は訪問者の顔をスキャンするサービスを行った。その数100人余り。さらに要望があり、科学の夜長が終わった数日後に再びスキャンサービスを行った。同社の技術は外科方面で活用されることが多いが、最新技術が人々にとって身近になる機会であることがよくわかる。パビリオンになった企業や研究機関、大学などをエンターテインメント化する「インフォテインメント」である。

2回目の2005年には子供に焦点を当てたプログラムが昼間に用意された。たとえば大学の物理学部では廊下や部屋でさまざまな理科の実験が体験できるといった具合だ。1回目の動員数は1万2000人。当初「1万人の動員を目指す」と発表していたからなかなかの数字だ。学生や子供の姿も多く、老若男女の姿が見られる。場所によっては入場を制限するところもあり、ひっきりなしに走る巡回ツアーバスは常に満員で、地元の新聞は「バスの準備が少なかった」と書いた。実は最初は1回限りの開催予定だったが、この成功をもって、2年ごとのイベントとして定着しつつある。2007年の動員数は2万人を超えている。また、こうしたイベントが成立するのは企業の地元志向の高さも手伝っているといえるだろう。まさに地元による、地元のための、科学イベントだ。また科学を「地域の資源」として顕在化させるのにも一役買っている。プロジェクト責任者のピエレ・ライヒ氏は「ドイツ国内でも科学フェスティバルの先駆者としてのポジションを得るだろう」と述べている。

大学では子供向けの実験も行われる

消防署のアトラクションに見入る子供たち

◇公共空間のオープンドア

ドイツの冬は長い。春になり、初夏を迎えると、開放的な気分になる。そんな気分に合わせるかのようにオープンドア・イベントがよく行われる。これはその名のとおり、公共施設などが門戸を開き、誰もが訪問できるようにする取り組みである。いくつかの例を紹介しよう。

消防署のオープンドアは実に楽しい。新旧の消防車が署内の広場に展示される。消防車の倉庫には「ビアバンク（ビール・ベンチ）」が並び、大人はそこでビールを楽しむ。子供向けには手づくりのアトラクションが並ぶ。巨大な滑り台を台車で滑り降りる「ジェットコースター」には子供の列ができる。消防車を模した小型のトラクターの牽引車は子供たちを乗せた車両を引っ張り、消防署周辺を一周する。救急コーナーでは人工呼吸などのファースト・エイドについて書かれたパンフレットが配布され、子供は注射器がもらえる。おもちゃの消防署員のヘルメットとジャケットも売られている。そして毎回、目玉ともいえるアトラクションがある。たとえばゴムボートに四つの放水ノズルを取りつけ、水の勢いでボートを持ち上げるというものや、実際に自動車の追突事故を再現し、火だるまになった自動車を消火する。なかなかの迫力だ。

　市営劇場のオープンドアもある。エアランゲンでは毎年秋に開かれる。訪問者には家族連れも目立つ。毎回趣向が凝らされるが、ある年は劇場を工事現場に見立て、工事現場で使われる赤と白のテープが貼られた。道路標識が訪問した人を誘導する。そして劇場の技術案内や子供向けの朗読会、複数の作品のダイジェスト版の上演、過去の公演ポスターの販売などがある。舞台で実際に使われた小道具などが競売にかけられたこともある。ハンマーを持つのは市の「文化大臣」ロスマイスル博士。「劇場はファンタジーの空間。そのために使われた小道具がここにある！」と玄人はだしの口上でスタート。オークション会場は大いに賑わった。

　ドイツでゴミの分別処理が早くから行われていることはよく知られているが、その中に有機ゴミの収集・堆肥化という処理方法がある。エアランゲン市にも庭木ゴミを集める「コンポストセンター」がある。粉砕《ふんさい》と攪拌《かくはん》を行い、微生物の力を借りて堆肥化するが、施設といっても広い敷地に事務所と堆肥化途中の段階別の山と重機があるだけだ。できた堆肥は販売されるか

コンポストセンターでの庭木ゴミの粉砕のデモンストレーション。業務の理解がゴミと堆肥の循環を促進させる

ら、まるで「堆肥工場」のようだ。しかもその堆肥は完売するので「地産地消」が実現している。本書のキーワードでいえば、これも街の中にある「循環系」だ。オープンドアの日は敷地内の堆肥の山を減らしてブランコや滑り台が設置され、センター内の重機を利用したゲームなどもできるようになっている。堆肥化についてのパネルが展示され、庭木の粉砕作業のデモンストレーションなども行われる。親子連れで楽しめ、かつ施設のことを学習・理解できる仕掛けだ。地産地消の継続はこうしたことが奏功しているのだろう。

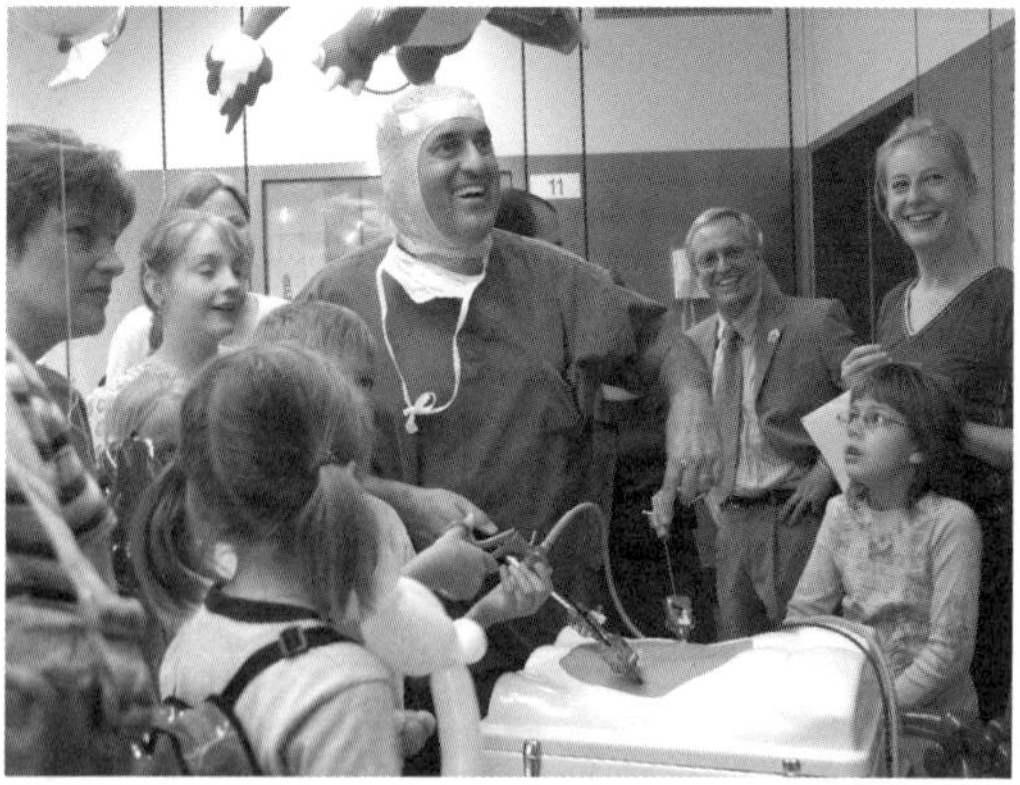

病院での手術用マニピュレーターを使ったゲームは医療を身近にする

病院もオープンドアに取り組む。小児・青少年クリニックでは手術室や実験ブース、緊急医療用のスペースなどを開放し、スタッフが医療機器の展示と説明を行う。手術用のマニピュレーター（マジックハンド）を使って、お菓子を箱に入れるゲームや、点滴の装置にジュースを入れて「点滴ジュース」を飲めるコーナーもある。医療器具は、患者の立場からすると、恐怖や不快感が伴うことがある。子供にとってはなおさらだろう。ところがこの日は「楽しい道具」に様変わりする。訪問者に対して医療技術を知る機会と親しみが持てるような工夫がなされているわけだ。

　オープンドアは何も組織や施設ばかりが行うわけではない。ニュルンベルクの農業地帯クノーブラウフスランドでは農家、教会青年会、バイエルン州などが共同で開催する。一帯には約200軒の農家がある。その半分が農業の「マイスター」の資格を持つ専門家だ。楽隊の演奏や野菜の即売会が開かれ、子供向けには箱庭づくりができるコーナーや小型のショベルカーの操縦ができるコーナーも設けられる。この一帯で生産される野菜を使ったレシピ本が農家の主婦によってつくられ、販売される。畑には作業中の様子がわかるような状態で数台の農機具が並べられ、野菜づくりについて説明が行われる。

農業地帯のオープンドアは消費者と生産者をつなげる機会

　極めつけは市役所のオープンドアだろう。定期的に行われるわけではないが、2001年の春に、40余りの部署のほか、出先機関、プロジェクトチームの仕事内容やサービスなどのプレゼンテーションが行われた。環境担当部署がゴミ問題、省エネルギーの紹介をしたり、劇場や幼稚園、ゴミ処理場、博物館、メディアアートセンターといった公共施設も開放し、施設を巡回する無料バスを走らせた。訪問者は6000人。市役所内へは3000人が

公開された市役所の市民課で子供たちが仕事を体験

訪ねた。また、普段は立ち入ることができない屋上も公開され、市民は街並みを一望することもできた。

◇積極的な情報公開の背景

一連のオープンドア・イベントを取材していると、組織や施設の説明や紹介をしようという強い意思、というより義務感とでもいうようなものが見えてくる。さらには、交流の場の提供や農業地帯のように消費者に対して啓発を行うようなことさえも出てくる。こうしたスタイルの催しが数多く行われ、人々に支持されている。この背景には、人々の余暇の過ごし方が日本と異なるという点ももちろんある。さらに、「ドア」という言葉に着目すると、キリスト教の考え方も少なからず影響しているようだ。教会関係の歴史研究家グドゥルン・ルッツ氏は「キリスト教に出てくる〝ドア〟のイメージと重なる」と指摘する。キリスト教に登場する「ドア」は選ばれた人だけの入口である。しかし同時に、教えを啓発するためにはドアを開けなければならないという考え方もある。権力や特権を持つ者はドアを開かねばならないのだ。

この考え方は「ディスクロージャー（開示）」「アカウンタビリティ（説明責任）」といったものにも通じそうな考え方であるし、これらを欧米で展開されてきた「社会的責任」の範疇で考えると、キリスト教的価値観が少なからず反映されているともいえよう。日本では新しい考え方として企業や行政の運営の中で論じられるようになったが、ドイツの地方都市を見ると、実はオープンドアというかたちで当然のように積極的に開示や説明責任を行っていることがうかがえる。しかもビールや軽食をとったり、親子連れで楽しめるようにしている分、オープンドアはより高度な開示や説明責任の方法といえるかもしれない。「科学の夜長」などはオープンドアの手法をパッケージ化したイベントといえるだろう。

市役所をはじめ、企業などは社会という公共の空間に立脚している機関であるわけだが、この公共の空間、「パブリック」をドイツ語で「オッフェントリッヒカイト（Öffentlichkeit）」という。企業などのパブリック・リレーションの仕事や市役所業務もこの言葉が用いられる。興味深いのは、この言葉は「オッフェン（offen）」、英語でいうところの「オープン」という言葉から派生していることだ。公的機関がドアを開けるのが当然という考え方が言葉尻からもうかがえる。市の広報担当ペーター・ゲルテンバッハ氏は「『人々が（市役所へ）入ってきて発見する』という機会を市は設けなければならない」としている。

賑わう宮殿広場

2 人と情報が交流する広場

◇広場が持つ求心力

都市は人口増加によって旧都市から拡大する。エアランゲンでも100年単位で見ると街の拡大に伴い、中心にあった市役所が二度ばかり移動し、街の求心力のツボのような場所が変化している。それにしても依然、ドイツの伝統的な都市像というのは、街の中心部には市役所があって、市《いち》の立つ広場（「マルクトプラッツ（市場）」とか「ハウプトプラッツ（中央広場）」と呼ばれる）があるというものだ。そして今も、そういう構造が生きている街も多い。

さてここで着目したいのは広場だ。日常的に市の立つ広場も、特別な顔を見せることがある。エアランゲンでは春・秋を迎える日曜日に春祭り、秋祭りを開催する。日曜日は法律で小売店は営業を禁じられているが、このときは店舗が開き、街の中心部が賑わう。そして広場では仮設の舞台でダンスや音楽の演奏が繰り広げられるほか、市のツーリズム・マーケティング・フェライン（非営利法人）をはじめとする、さまざまな情報スタンドが並ぶ。クリスマスシーズンになるとドイツの街の広場には「クリスマス市」が立つ。とりわけニュルンベルクのクリスマス市は観光スポットとしてもよく知られているが、この広場で企業の情報スタンドが立ったこともあった。バイエルン州内の技術をアピールする取り組みで、技術系の企業がブースを設えるのだ。前述の「科学の夜長」では社屋の門戸を開けてパビリオン化したが、このときは会社の情報を広場で公開し、訪問者と対面式のコミュニケーションをとる。広場は都市にとって求心力のある大切な公共空間であり、メディアのような役割すら担っているのだ。

広場に並んだ「政党屋台」

◇広場での選挙活動

選挙運動の時期にも広場はメディアと化す。日本の選挙運動といえば、街宣カーで街をまわり、プライベートな空間に一方的に候補者のアピールが闖入《ちんにゅう》する。投票日前の「最後のお願いに参りました」というダミ声は単なる騒音だ。あるいは拡声器を使って、これまた大音量で演説が行われる。

一方ドイツには選挙カーの類はない。住環境の静寂を大切にす

子供にとっても政治が身近だ

るという価値観があるから、もし選挙カーの類が走れば、すぐにブーイング、いやそれどころか一斉に警察に通報するだろう。では候補者はどうするかというと、講演会などももちろん行うが、広場での地道なコミュニケーションということになるだろうか。選挙期間の週末といえば街の広場に各政党が一斉に情報スタンドを立てる。「政党屋台」が並ぶような感じだ。政党屋台のスタッフは通り行く人々に資料類を配る。子供には政党のロゴが入った風船などが配られる。「屋台」には各種の資料も揃えてあるので、興味があれば持ち帰れる。政党屋台をハシゴして、後から資料をもとに比較検討するということもできるわけだ。そして何よりも、候補者やスタッフと直接話しあうことができる。候補者と道行く人が話を始めると、そこに別の人も加わってくる。そして議論にまで展開していく。

こんな風景も見たことがある。10代半ばと思しき女の子が2人、SPD（ドイツ社会民主党）の屋台に身を寄せ、スタッフの男性に「私たちにも風船もらえる？」と聞いた。自分たちはとりたてて政治に興味があるわけでもなく、また小さな子供でもないが風船をもらってもいいか、というようなニュアンスだった。そんな2人に「ああ、いいよ」と男性スタッフは風船を渡し、言葉を継いだ。「SPDって何の略か知ってるかい?」。2人は少し考えて「ドイツ、社会、民主党!」と声を揃えた。スタッフの男性はニッコリ笑って「正解!」。ずいぶん気楽な風景だが、政治が公共の空間である広場にやって来ると、硬軟合わせたコミュニケーションが展開されるのだ。

広場での議論はデモクラシーの原風景

現代の民主制度にいたるまでには長い紆余曲折があったが、古代ギリシアの都市国家ポリスの広場での討論がデモクラシーの原風景だ。ドイツの広場での選挙活動とだぶって見えてくる。

◈見本市化する広場

広場で情報スタンドを用意する様子をいくつか紹介したが、機関によっては自動車をそのまま情報スタンドにしているところがある。エアランゲンやフュルト、ニュルンベルクでよく見かけるのが太陽エネルギー関連の機関SOLIDだろう。専門スタッフが太陽エネルギーに関する資料や説明のための道具を積んだトラックを運転してさまざまな場所へやって来る。このトラックは屋台のように情報スタンドに変わる仕掛けになっており、あるとき

ナノテクノロジーを説明するために全国を行脚する「ナノ・トラック」。対面式のコミュニケーションを重視している

は古いお城でのサマーフェスティバルに、あるときは街の中心地にと、人が集まるところに現れる。そして人々に太陽エネルギーの技術や仕組みなどを伝える。地道な活動だが、太陽エネルギーに関する知識や情報、親近感をコツコツと地域に浸透させている。

情報屋台というより情報ブースをそのまま移動させるような例もある。2004年はドイツの「科学年」だったが、10トン級の大型トラック（全長16・50メートル、幅2・55メートル）がナノ（1ミリの100万分の1）の世界を積んでドイツ国内を走るといったことがあった。このトラックはナノテクノロジーの説明をするための展示ブースになった「ナノ・トラック」で、停車して展示をするときには幅が4・5メートルにまで膨らむ。

ナノ・テクノロジーは近年日本でも注目されている技術で、原子や分子レベルで操作・制御する極小の世界だ。医療、化学、IT、環境技術、素材など応用範囲が広く、今世紀の重要な技術だ。このナノ・トラックは連邦教育・研究省によるもので、ドイツ国内を行脚した。同様に選挙や連邦議会の仕組みを説明するための情報ブース・トラックの行脚も行われている。いずれも専門家が一緒に行脚しており、啓発や情報提供に対面式を重視する傾向が見られる。

広場は見本市会場のようになるケースもある。エアランゲンも2000年を過ぎたあたりから省エネ・太陽エネルギーに関する普及が本格化してきた。すなわち、環境問題に関心のある人や専門家のテーマだったものが商品としてある程度完成し、金融環境なども整ってきたわけだ。とはいえ、まだまだ普及のための運動なり、仕組みづくりは必要だ。

そんななか、2004年初夏のある日曜日、市街の広場に地元の銀行や建築関係の企業、電気や水などを供給しているインフラ供給会社、非営利団体、環境局などが簡易ブースをつくり、ずらりと軒を連ねたことがある。すべて太陽エネルギー関連のもので、ここまでくると規模こそ小さいが見本市の様相を呈する。広場のそばを歩く人がふと足を止め、出展者に質問を投げかける。出展者は情報や知識を提供する。

情報スタンドが並び、見本市のようになった宮殿広場

◈情報交換の舞台

ドイツは見本市が盛んな国としても知られているが、見本市はドイツ語で「メッセ（Messe）」という。実は教会で行われるミサ

宮殿広場の使われ方は多様だ

と同じ綴りで、礼拝にやってきた人々のために教会前の広場で開かれた「市」が、現在の見本市を指す「メッセ」になったとされる。見本市は一義的には商品を売買するためのやりとりだが、訪問者と出展者が直接話をするところに値打ちがある。訪問者は商品にまつわる知識や情報を得、出展者にとってもマーケティングにつながる対面式の情報交換だ。

こういうやりとりは、かつて横丁の八百屋さんや魚屋さんで見られたものであるし、広場の市では今もそうだ。対面式の商売は店のオヤジさん、オバちゃんの商品知識や関連情報が付加価値を生み、店の方もお客との一対一の会話をもとに翌日の仕入れに反映させていた。今でいうところのワン・トゥ・ワン・マーケティングの原型だが、見本市はまさにそういった情報交換の機会なのだ。

ドイツの地域社会の中で教会は歴史的に街の人々のつながりをつくる装置であり、広場は情報交換の舞台だった。エアランゲンの広場も実はかつてモータリゼーションの煽りを受けて駐車場にしてしまったことがあるが、結局は自動車を追い出した。これは街の情報インフラの復活だったといっても過言ではない。

3　地域ジャーナリズムの隆盛

◈ドイツで7割を占める地方紙

日本で新聞といえば、都市部を中心に五大全国紙が主流だが、ドイツでは圧倒的に地方紙、というより郷土紙クラスの新聞が主流だ。小さな街の駅のキオスクでもその街や地域の名前がついた新聞を見つけることができる。２００５年にはドイツ全国で３５９紙（２１６６万部）の新聞が発行されているが、そのうちの約95％に当たる３４１紙が地方紙である。発行部数ベースでいえば１５１５万部、約70％を占めている。エアランゲンでも街の名前を冠した新聞「エアランガー・ナッハリヒテン」紙が主流だ。さらに周辺地域を指すフランケン地方の名前のついた「フレンキッシャー・ターク」紙が読める。日本でも郷土紙がないわけではないが、ブロック紙や全国紙の存在が大きい。

エアランゲンの主流紙「エアランガー・ナッハリヒテン」紙のサイズはタブロイド版で朝刊のみ。日本と同様、毎朝配達される。モーニング・コーヒーとともにエアランゲンの人々が読む新聞だ。日曜日はお休み、というより土曜日に配達される分に日曜日の日付も入っている。週末号

エアランゲンの地元紙を販売する市内のキオスク

といった感じで、特集記事や求人、不動産の借り手の募集といった紙面があって、いつもの2倍ぐらいの厚さになる。同紙を発行しているのはお隣のニュルンベルクにある有力メディア企業、ニュルンベルガー・プレッセ社だ。同社はエアランゲンはもとよりニュルンベルク周辺地域の街の名前がつく新聞を一手に発行している。編集作業の面からいえば、テレビ欄や全国・世界ニュースなど共通の紙面は一括してつくることができるというわけだ。

新聞の中身はというと、1面は上半分に全国・世界のトップニュースが掲載され、下半分に地元のトップニュースがくる構成になっている。全体的な構成でいうと、前半は「意見と背景」「政治」「世界のニュース」といった、ドイツ国内および世界のニュースが中心になる。「意見と背景」では記者の署名入りの意見記事が載る。日本でいうところの社説だ。後半はバイエルン州、ニュルンベルク周辺、エアランゲン周辺、エアランゲンといった具合に地域のニュースが中心だ。対象になるのは地域社会が中心だが、扱う内容は政治、経済、文化など幅広い。環境問題もしかりだ。

◈地方紙の主役は文化欄？

いささか感覚的な言い方だが、エアランゲンの住人としてこの街を見たとき、人口規模の割に文化が充実している。その理由の一つに文化情報の流通が大きいのではないかと思えてならない。たとえば文学フェスティバル「詩人の祭典」の開催1ヶ月前から終了後2週間にかけて、エアランガー・ナッハリヒテン紙を見ると、広告なども含む69件の関連情報が掲載されているが、そのうち51本が記事である。記事には写真やフェスティバルのロゴが掲載されるものも多く、地元のメディアも文化フェスティバルを盛り上げているのがうかがえる。また文化を専門にしている記者もいる。

Die erste Frau an der Spitze des Parlaments: Annemarie Renger ist tot — Seite 5

ERLANGER Nachrichten

ERLANGER TAGBLATT – UNABHÄNGIGE ZEITUNG FÜR POLITIK, LOKALES, WIRTSCHAFT, KULTUR UND SPORT

Dienstag, 4. März 2008 · erlanger-nachrichten.de · 150. Jahrgang · B 2696 · Nummer 54 · Einzelpreis: 1,10 Euro

Nürnberg: Maly will Bündnis fortsetzen

CSU setzt auf Konfrontation statt Kooperation

CSU-Verluste wecken Hoffnung bei der bayerischen Opposition

Alarmierte Reaktionen bei den Christsozialen: Beckstein fordert Profil

Heute lesen Sie

Angst vor Krätze

Siemens streicht 70 Jobs

Partner der Callas

Familie ausgelöscht

Kein Ärger bei den Tigers

Steinmeier: SPD steckt in einer Krise

Pilot wendet Katastrophe ab

Horst Köhler auf Kurzbesuch in Nürnberg

Legen Warnstreiks Flugverkehr lahm?

DAS WETTER

エアランゲンの“主流紙”「エアランガー・ナッハリヒテン」の１面

　やや余談めくが、文化情報の流通という観点からいえば、エアランゲンを中心に１２０店以上の直営店を持つパン製造販売会社デア・ベック社は、90年代から「文化袋」という取り組みをしている。当初は作家によるパンのイメージが描かれた作品がプロフィールとともに印刷されていたが、その後は文化フェスティバルなどの告知情報をパン袋に掲載し始めた。パン袋にチラシが載っているようなものだ。

「文化袋」を持つ経営者のペトラ・ベック氏。文化情報の流通に一役買っている

ドイツの日常的な食生活の中で、文化情報を入手できるところに値打ちがある。新聞といい、パン袋といい、文化の専門家や強い関心を持っている人以外にもさり気なく文化の情報が届けられる。

一方で文化記事の内容も時代によって変化はある。ニュルンベルガー・ナッハリヒテン紙の文化欄編集長だったミヒャエル・ベッカー氏は1997年当時、文化欄のあるべき姿も含めて、次のように述べている。

「かつてはオペラや美術館での作品を論じるだけでよかったので、紙面も批評のみで十分だった。しかし80年代に入ってから内容を変えざるをえない状況が出てきた。これまでの主流の文化や芸術に異議を唱え、それに取って代わるような『オルタナティブ・カルチャー』があちらこちらで生じてきたからだ。同時に余暇を利用して作品をつくるようなクラインクンスト（＝小さな文化の意）も盛んになってきた。行政の文化予算が年々少なくなってきているにもかかわらず、文化の動きが活発化しており、批評といった手法だけでは文化、芸術は捉えられない。普通の人のまわりにも芸術はあり、地域にも独自の文化がある。文化や芸術といえばドイツ人は

文化フェスティバルの期間中、報道された記事が劇場に貼り出される

美術館や劇場の『作品』を思い浮かべることが多いが、建築や住まいなど日常の中に文化や芸術がある。読者側からも文化・芸術の背景を知りたいというニーズがある。」

こうした編集方針は紙面にしっかり反映されている。市営劇場で行われた公演の批評記事などは従来どおり掲載されているが、それ以外にも劇場など文化施設の運営上の問題や、新しい取り組み、文化政策、劇場監督などの「人」に焦点を当てたもの、ときには市の文化余暇局のキー・パーソンたちがそれぞれの意見を戦わせるといった記事もある。

またここでは文化欄を中心に地元紙のあり方を描いたが、「地元」ということに着目すると、スポーツ欄も充実している。それはスポーツのフェライン（非営利法人）が盛んであることを考えれば当然だ。2章でドイツのフェラインについて触れたが、なかでも多いのがスポーツだ。たとえば、1848年に設立されたスポーツフェラインがエアランゲンにはある。さまざまな競技が行われているが、その中には柔道もある。いうまでもなく世界中に愛好者のいる競技であるが、それでもドイツの人にとって「外国」のものである。にもかかわらず、このフェラインだけでも柔道を楽しんでいるのは約400人。ほとんどがエアランゲン市内の人である。10万人の都市で少なくとも400人の柔道人口があるといえば、大したものだ。いずれにせよ、スポーツフェライン（非営利法人）を通じた市民同志の交流がさかんで、競技人口も多いので、いろいろな地方でさまざまなスポーツの試合が行われる。こうしたことが「地方スポーツ」欄のニュースになるし、フェラインの運営上の問題なども記事になるわけだ。

◈地方紙の抱える問題

地方紙にまつわるさまざまな問題はある。新聞産業というのは情報が載った膨大な紙の束を製造し宅配するという業態である。したがって経営的にはある程度の規模が必要になる。ドイツ全国を見れば、1950年代には販売競争の激化などから、合併せざるをえない郷土紙も多かった。それにしたがい紙面における「地域オリジナル」記事の比率は下がったという。同時に売り上げ重視になると、政治記事に関してはっきりとした編集方針を打ち出しにくくなった。

また近年はインターネットの普及で若者の読者の獲得が難しいなど、ビジネスモデルとしての新聞は経営に腐心している。エアランゲンの新聞も同様で、高齢の世帯が亡くなると、定期購読が1部なくなるといったような状態だ。このような読者減少と広告主への対応として、2003年ごろからこれまでモノクロだった紙面のカラー化を図ったり、ネット上で閲覧できるEペーパ

拡販を行う「エアランガー・ナッハリヒテン」紙

ーのサービスを始めたりしている。新聞の経営環境の変化が著しく、それに新聞社が苦慮しているのは世界的な傾向だが、ドイツの新聞も例外ではない。しかし、それにしてもエアランゲンの新聞を見ると、まだまだ街の多くの人々に読まれているし、経営的な苦労があるなかで、街や周辺地域、州の記事も変わらず掲載されている。あるいは議論の場としてもまだ機能している。エアランガー・ナッハリヒテン紙は90年代に市域別の文化欄を設けたところ、文化欄の読者が増えたそうだ。70代のある男性は「近所で行われる講演会の情報や文化記事があるから購読している。ベルリンなどの文化記事はいらない」とまで言いきる。新聞離れが起こっているにもかかわらず、地方紙が生き延びているのは、読者の住む街の身近なニュースを扱っているからという事情がある。

◈取材相手、記者、読者の距離は近い

郷土紙には日々、街の出来事や人物が登場する。エアランゲンの新聞を見ていても、市長が登場しない日はほとんどない。また市内の企業の経営者や大学の学長などエアランゲンの名士といった人物もよく登場する。日本と少し違うのは、市の部局の責任者

がよく登場することだ。これは前述したように、行政の仕組みが日本と異なっているということもあるのだが、それにしても、彼らは自分の言葉で見解や方針を述べる、事実上の「文化大臣」「環境大臣」だ。ときには行政キーマンたちの意見の相違が報じられることもある。こんな報道がなされるので、自分たちの街がどんな人物によって舵取りされているのかが明確にわかる。日本では小さな市町村であるほど、地域社会を動かしているのは特定の人物ということがよくあるが、ドイツでもそういった事情はある。ただ地元の新聞があるということは、キーパーソンとでもいうような人物が公の言葉で語る場があるということでもある。

発信する側も積極的な記者会見の様子

　また地元のニュースが充実している理由の一つに、取材を受ける側、つまり行政をはじめ企業にはプレス担当者がいることだろう。それほど規模の大きくないフェライン（非営利法人）でもプレス担当者を置き、積極的にメディアに情報発信を行うところもある。それからドイツは職種別の社会であるが、広報マンたちもジャーナリストの職業教育を受けた人が多い。広報を単純化していえば、組織の意向や動きについて公の言葉で表明することである。ジャーナリストの一つの職能は取材してきたことを公の言葉で書くということだが、広報マンたちも公の言葉を操る専門家ということになろうか。こうした広報マンたちの公の言葉をそのまま記事にして世論を左右することはドイツでも議論はあるが、地元の組織が地元のメディアに対して公の言葉で情報を発信することが当たり前のように積極的に行われている。

取材中の「エアランガー・ナッハリヒテン」紙のペーター・ミリアン編集長

街の名前のついた新聞をつくっている記者たちはエアランゲンや隣接する都市に住んでおり、基本的に生活圏内だ。つまり記者たちは自分の生活の場を取材し、隣人が記事を読む。「エアランガー・ナッハリヒテン」紙のペーター・ミリアン編集長によると、12人の職業記者と20人程度の実習中の記者が同紙に執筆しているという。またエアランゲン在住のあるフリーランスのジャーナリストによると、市内には25人の編集者やジャーナリストが活躍し、そのうち10人程度がフリーランスだという。私自身もエアランゲンの取材先でたびたび記者やカメラマンと知りあうが、親しくなって住んでいるところを聞けば、すぐ近所ということがよくある。

2000年を過ぎたころから、ブログや市民参加型のインターネットニュースサイト「オーマイニュース」などの登場で、「市民ジャーナリスト」という言葉に注目が集まった。これはインターネット技術の発展・普及が背景にある。また、大きなメディアによる偏向報道に対する問題提起がネット上に顕在化したかたちだ。確かに市民がジャーナリストとして報道・言論活動をすることは意味のあることだと思う。しかしエアランゲンの様子を見ると、「ジャーナリストも市民」なのだ。既存のジャーナリズムの世界でプロの記者が自分の生活圏で取材活動を行い、生活圏で読まれる新聞に執筆するということの意味を議論されることは少ない。

市民と新聞の関わりという点でいうと、「読者の手紙」欄も見るべきだろう。日本の新聞にも必ずあるが、たいてい十数行程度のものが紙面にひしめきあっているだけだ。ところがドイツの地方紙の場合、1本あたりの手紙が一般記事と見まごう長さだ。その内容は市内の出来事に対する議論、意見のみならず、紙面に掲載された記事に対するコメントや意見も多い。そして注意しなければならないことは、たとえばエアランゲンの地元紙に投稿する「読者」とは、ほぼ間違いなく「エアランゲン市民」であるという点だ。日本の全国紙の読者欄では九州の人が北海道の人の投書を読むというようなことになる。これはこれで意味のあることだが、日本の新聞事情では街の人が街のことを街の人に向けて公の言葉で語るということは実現しにくい。

◈新聞は街のインフラ

「Journal」の語源はラテン語の「毎日の」という意味からきている。そこから「日記」というような意味が出てくる。語源から考えると、地域の新聞とはまさに「街の日記」だ。日々街の出来事が記録され続けるわけである。これは、自分たちの街がどんな街かということが言葉によって再認識され、言葉によって造形されていくことでもある。読者＝市民にとって、自分たちの街のことをよく知ることにつながる。これは当然、人々の街に対する愛着を深める、ということは言いすぎにしても、人と街の距離は心理的にかなり近くなるのではないだろうか。あるいは街の取り組みが報道されることで、結果的に取り組みを促進する役割を担う部分もあるだろう。こういう郷土紙の機能がうまく働いたと思えるのが、環境問題だ。ドイツは90年代にゴミ分別のシステムを急速に整えた。政治の動きや積極的な市民による活動などが実を結んだわけだが、人々に理解を促すのに、郷土紙の影響はかなりあったように思える。エアランゲンも環境局が盛んにプレス発表を行った。街が環境問題に取り組む推進役になったことは想像に難くない。あるいは「医療都市」とか「科学に強い都市」というイメージが定着することにも一役買っていると思われる。こうした抽象度の高いテーマほど情報流通が重要になってくるからだ。

新聞発行が時代を重ねると、それは街の資料アーカイブになる。エアランゲンには18世紀半ばから新聞がある。エアランゲンの歴史を書いた本を見ると、資料としてかなり引用されている。

図１　生活と言論の公共空間が一致している

またジャーナリズムについての議論はいろいろあるが、ここでは社会の出来事を報道し、その背景を分析、さらには問題提起なども行うこと、と定義しよう。これに基づき、街と新聞の様子を見ると、街の状態に対して常に地元の記者が「ツッコミ」を行っていることになる。情報で街を活性化しているわけだ。それを考えると、地元紙は街のインフラともいえる。

地元の記者が街の出来事を報道し、街の読者が読み、さらに記事に対して意見を述べる。この一連の流れによって紙面が公共の言論空間として機能しているのがわかる。そしてこの「公共の言論空間」と「公共の生活空間（=街）」が一致しているのである（図1）。この一致こそが、インフラとしての地元紙の最大価値といえるだろう。

CHAPTER 7

一流の地方都市の条件

1　都市の質を決める戦略

◈何でも揃う小さな大都市

「クオリティ・オブ・ライフ」という言葉がある。「生活の質」と訳されることが多いが、これにならって「都市の質」という見方で街を見てみるとどうであろうか。都市の質を決める要因はいろいろと考えられるが、エアランゲンを見ると、街には歴史を積み重ね織りなす佇まいがあり、そして賑わいがある。また文化のプログラムや自治体の特色を活かした経済戦略がある。もちろん住人としてこの街を見ればそれなりに問題もあるのだが、概観すれば都市を形づくるたくさんの要素がある。そしてそれらがうまく結びつく「高い結晶性」とでもいうようなまとまりのよさがある。エアランゲン在住のトルコ人作家ハビブ・ベクタス氏は「狭い街だが、その割に何でも揃っている。小さな大都市（kleine Großstadt）だね」と語ってくれたことがある。もっとも、この「小さな大都市」という言い方はドイツの都市がよく使う表現でもある。いうまでもなく、「何でも揃っている」というのは何でも売っている、といった消費財の品揃えのことを指しているわけではない。謎かけ風にいえば、都市が揃えるべきことは何かということである。

少し領域を広げてバイエルン州を見てみよう。同州はドイツでも最大の州で、大きな存在感と強い独自性を持っており、「ほかの州は皆、アンチ・バイエルンだ」というような言葉すら聞いたことがある。90年代からハイテクの州として本格的に変わっていくが、その推進力になったのが「バイエルン-未来への積極策」という政策だ。見るべきはその予算配分だろう。経済の推進を考えたものなので、当然、先端技術や教育、研究といった分野に対して重点的に予算が投入されているが、それ以外にも文化や環境、労働市場、社会福祉など多岐にわたり予算が組まれた。その中には「バイエルン文化基金」というものがあるが、劇場などの文化インフラの整っていない小規模自治体などを重点的にカバーしている。つまり、州内の文化の底上げというわけだ。経済を主軸においた政策であるにもかかわらず、予算配分を見る限りは「州の質」そのものを高めることを視野においた戦略的経済政策といえよう。州の経済政策とは州の質を高めることであり、そのために何が必要とされているかが見てとれる。この発想は「小さな大都市」に当てはめることもできるだろう。

◈都市の人材を支える職業社会

何でも揃う小さな大都市という言い方に引っかけていうと、都市にはさまざまな人材がいるということでもある。法律家から大工さん、アーティストにジャーナリストまでさまざまだ。エアランゲンを見ると、カバレットという皮肉を込めたお笑い芸のご当地芸人さんや小説家までいる。

10万人の地方都市であっても、世の中のほとんどの専門家が揃っているように思える。これはどうしてなのか。一つの理由として、ドイツは「職業社会」という特徴があるからではないかと思われる。都市の歴史を経済の視点から見ると、中世の都市は貨幣の鋳造権なども持つ一つの国のようであった。そして商品流通の市場であり、場合によっては消費の中心地でもあった。それを裏づけるように商工業の従事者が都市の人口構成の中で大きかった。都市が成り立つためのあらゆる職業が都市の中に存在していたと考えられる。

日本でも大都市にはあらゆる職業の従事者が揃うが、職業を軸とする社会にはならなかった。ところがドイツではマイスター制度に代表されるように、社会保障や労働組合なども職業別で、法的にも社会的にも職業を中心とした仕組みができた。その萌芽はすでに中世都市にあり、現代も「どの会社に属しているか」よりも「どんな職業か」という意識の方が高い。そのため、たとえば劇場から畑違いの研究所へ転職するというようなケースを見ると、秘書の職業資格を持っている人が、劇場事務所の秘書から研究所の秘書に転職したということなのだ。また会社勤めでも「商人」といった風に職業資格を名刺に堂々と明記する。サラリーマンというよりも専門職といった意識が強い。行政を見ても劇場をはじめ、あらゆるところに専門家が揃っているのはそのためだ。

それから制度を見ると、職業と教育が密接に関係している。学校を卒業したドイツの若者は2

〜3年半にわたって実地で経験を積みながら職業学校で理論も学ぶ。これが二元制（デュアルシステム）として知られる制度だ。国家で認定された350の職業があり、これに対応した訓練システムが用意されている。若者の6割ほどはこの制度を通じて専門職業人となっていく。日本の新卒という概念とはかなり異なることがわかるだろう。また日本では専門資格の所持者が「足の裏の飯粒（＝取っても食えない）」などと自嘲気味にいうことがあるが、ドイツでは逆に職業資格を取らねば「食えない」のである。もちろん二元制システムにもさまざまな問題点はあるのだが、街に必要な人材はこの職業教育制度によって継続的に供給される構造がある。

◈生活の質を高めるインフラとは

ドイツの街の心地よさは、景観への配慮があり、公園や広場があること、さらに劇場、ミュージアムといった文化施設がきちんとあるといったことが挙げられるわけだが、これらは生活の質を高める公共財である。

公共財と一言でいっても、道路などは利便性・経済効果といった切り口から議論しやすい。ところが生活の質、特に自分が住む生活圏の生活の質はどうか、生活の質を支える文化や芸術のインフラはどうか、というと、なかなかイメージしづらい。理解の難しさを明らかにしようと思えば、そもそも文化や芸術という概念の出自、位置づけから日独の比較をしなければならないが、表面的にいえばライフスタイルの違いが大きい。

また、日本でも大正時代に民芸運動というかたちで生活空間に芸術的なものを取り入れ、生活の質にも追求するような動きがあった。ところが、これはあくまでも個人の生活空間が対象だった。日本の様子を見ると、個人と社会のあり方がドイツとは異なるため、公共財としての文化・芸術、あるいは生活の質を支えるインフラとしての文化・芸術という考え方には展開しにくいようである。

◈快適な生活への欲求が都市の質を高める

ではドイツの個人と社会のあり方とはどのようなものなのだろうか。

ドイツの人々はわがままだ。何かあればすぐに文句を言うし、比較的ストレートに自らの欲することを口にする。これは考えようによっては五感で感じる快適性とは何か、精神的に何が快適かということを明確に表明しているということになろうか。さらにこれをほかの人と共有していく力がある種のドイツらしさといってもよいかもしれない。そのために地域が必要とする最低限の「リビングスタンダード」や「生活の質」が決まってくるように思えてならないのだ。

とりわけ静寂に対して「求める基準」が高い。たとえば住宅が並ぶ道を広げて、自動車がびゅんびゅん走ることはほとんどない。ドイツといえば速度無制限のアウトバーンが有名だが、どうしても近くに住宅などがある場合、22時から6時までは速度を落とすように指示した標識がある。環境問題が社会的に注目されたときに、長距離トラックでビールを運ぶ場合のメリットとデメリットを考える表がつくられたが、デメリットの一つが「騒音」だった。一方、日本はといえば、住宅地の売り文句は「駅まで徒歩○分」だが、ドイツの不動産では私の知る限りこの手の売り方は見たことがない。これはドイツ自体、大変な自動車社会ということもあるが、静けさを重視する価値観にそぐわないからだろう。鉄道が走る近くに住みたいと思う人はまずいない。

ドイツは環境保全の先進国でもあるが、森が酸性雨で枯れるということが動機の一つになった。彼らにとって森は散歩や憩いの場所であり、生活の質を支えるものが壊れると困るからだ。こういう感覚は街の中にも反映される。エアランゲンでは街のメインストリートの広告看板はすべて廃止。オープンカフェで使う椅子やテーブルもプラスチックではなく木などの素材を使うことが2001年に市議会で決まった。市民のわがままと見るか、クオリティ・オブ・ライフを向上させる欲求と見るか。とにかく、現状の日本の議会では議論にもなりにくいのではないか。

◈個人の欲求を公共性に編み上げる

「ドイツ人はわがままだ」と書いたが、街の中で公共財としての生活の質を成り立たせるには、「わがまま」を共有化、そして公共性にまで編み上げていけることが大きいといえる。

人がより高い生活の質を望むとき、自宅に花を飾ることがあるだろう。しかしこれは私的な行為であり、個人が花を買うことによって個人の生活の質を高めることである。それに対して、たとえば街に花を飾るためにNPOを立ち上げたり、議会を通して制度化していく。こういったことが公共財としての生活の質をつくっていくことである。現代はいうまでもなく民主制の時代である。王様が街に花を飾りたいといえば、街は綺麗になるが、現代においては市長が独断で決めるわけにはいかない。花を公共財としていくためには、それに賛成する人が必要なのだ。エアランゲンを見ていると、健康的で落ち着きがある。景観、文化やスポーツといったものが街に必要だという了解がある。もう一歩踏み込めば、都市という空間は仕事も生活も行う場所で、都市に何が必要かということもある程度共有されているといえるだろう。

またコミュニケーションのスタイルに着目すると、匿名発言を避ける傾向が強い。すなわち実名で自分の意見を公の言葉で語ることにそれほどハードルが高くないように思われる。新聞の読者欄の長い文章などもその一例だろう。あるいは当事者に対して実名で述べることに比較的慣れている。「対立するための話術」とでもいうような対話が上手なのだ。卑近な例でいえば、アパートの隣人がうるさいために抗議したとしよう。日本では「逆切れ」されて殺傷事件に発展することもあるが、ドイツではちょっと考えられない。抗議する側もされる側もお互いの目を見ながら冷静に話す。抗議や要望を理性的な手続きでやりとりしているという感じだ。このコミュニケーションのあり方は子供のときから訓練されているようである。これが「私欲」を「公共性」にまで展開していく力になっているのではないか。さらにここで注意すべきは、「公共性＝お上」ではないという点だ。公共性については複雑な議論があるが、近代の国民国家という文脈の中では、国家と個人の間にあるのが公共性や社会である。そもそもどちらも翻訳語であり、それが我々日本人にとって理解を難しくしている。福沢諭吉は「Society」を「人間交際」と訳したが、ドイツの様子を見ていると、まさに個人と個人が理性的に交際しながら社会や公共性を編み上げているのがうかがえる。

◈都市運営に欠かせない理念と哲学

都市は当然のことながら人為的につくられる。議会や行政はそのための中心になる仕組みといえよう。そしてその仕組みへの参加者が共通の価値観を持っているかということは重要だ。ドイツのみならず欧州は「自由・平等・博愛」を頭上にのせながら時を重ねている。もちろんフランス革命以降も流血の事態はあったが、デモクラシーや人権、社会福祉といったものを発展させてきた。私のような外国人から見ると、人々の生活の質に対する感覚や基準もこういった理念と密接に関係しているように思える。またドイツの都市には「社会の発展」という原動力が見出せるが、「発展」の道筋になっているのはこの「自由・平等・博愛」であり、政治家や市民も共有している。拡大傾向が続いているEUでは、加盟を希望する国は人権が確保されているかといった条件をクリアしなければ加盟できない。

哲学や理念ばかりを前に押し出しても現実が勝ってしまうことが多々あるが、政策立案の段階で哲学や理念がなければそれらが末端に宿る可能性はゼロだ。とはいえ、現実的には理念を戦略（＝政策）に反映させ、戦術（＝行政）のレベルにもぐりこませるのは容易ではない面も多い。行政は「縦割り行政」と揶揄されるように、管轄が決まっている。その結果、たとえば福祉とまちづくりが一緒になれば、もっとバリアフリーが進む可能性が高いが、管轄が別のために効率が著しく落ちる。街のビジョンは重要だが、実はそれをどう実行するか、その仕組みづくりが難しい。その実行に向けた仕組みづくりがその街の政治と行政の「手腕」ということになる。

少々古い例なのだが、エアランゲンで理念を政策化し、行政に反映させた例がある。同市は知る人ぞ知る自転車の街である。詳しくは拙著『エコライフ　ドイツと日本どう違う』で書いたが、エアランゲンの自転車道は網の目のように張り巡らされている。自転車道の整備を行ったのが前市長のディートマ・ハールベーク博士だ。70年代に始められたのだが、道路には信号があり、地下には下水をはじめいろいろなものが埋まっている。都市計画や警察も関わる。まさに道路は縦割り行政の縮図のようなところだ。そこでハールベーク博士は財務、警察、都市計画、不動産、土木、ドイツ自転車クラブといった道路や自転車に関わる部署・団体からスタッフを集めてプロ

自転車道の整備を行った前市長ディートマ・ハールベーク博士

ジェクトチームをつくり、自らリーダーになった。これで迅速な問題解決と意思決定を可能にした。会社経営でいえば社長直轄のプロジェクトチームといったところだ。現市長の時代になっても自転車道の整備は続けられ、プロジェクトチームは今も残っている。

見るべきものは、ハールベーク博士の自転車道に委ねた理念である。それは自動車、自転車、徒歩とそれぞれ異なる移動手段を選んだ人が最適な速度で安全に移動できることを目標に掲げ、いわば「平等な交通システム」の構築を目指した。自転車道といえば、環境問題の視点で語られがちであるが、例の自由・平等・博愛に基づく「社会の発展」というお題目と重ね合わせると「平等な交通システム」という考え方もわかりやすい。欧州が持つ理念がハールベーク博士を通じて、そしてプロジェクトチーム方式で行政の末端にまで浸透させられた。加えて自転車道の支持をとりつけたのは、時代の影響もあるように思える。当時は日本でもそうだが、「政治の季節」ともいえる時期で、人権問題など社会運動が活発化した。この時代の影響は、環境問題をはじめ現代のドイツ社会にも確実にあるのだが、ともあれ歴史的に見ると、人々の間で

「自由・平等・博愛」の遺伝子が社会運動というかたちでより活発に動いた時代だったといえよう。

2 都市の経済活動が好循環する仕組み

◈スタンドート(立地)という考え方

都市は人工空間であり、鳥瞰図的に眺めるようなまなざしがドイツにはある。そのため極端にいえば頭で街の全体像を考える傾向がある。それを端的に表わしているのが「スタンドート(Standort)」という言葉だろう。直訳すれば「立場」とか「位置」という意味だが、意訳すれば「立地」という意味になるだろうか。この言葉にはさらに「要素(Faktor)」とか「政策(Politik)」という単語がくっついて「立地条件」とか「立地政策」といったようなかたちでよく登場する。

スタンドート(立地)を一言でいえば、都市や地域、国が経済活動拠点としてどのような場所であるかを示すものである(表1)。企業側から見れば、自社の事業はどういう条件の場所で行うべきかを考えることであり、都市から見れば、企業誘致のためにどういう都市運営をすべきかということだ。その条件や定義はある程度ばらつきがあるが、たとえば産業立地としてベースになるのはまず政治的安定性が大切だ。革命やテロのリスクのあるところでは事業拠点としてはいかにも危なっかしい。それから社屋・工場など建築物のための面積が十分で、地価も適正か、エネルギー供給、交通インフラや情報通信インフラがあるか、といったことが重要になる。さらに企業にとって有益、あるいは適正な税制であるか、人件費の相場、自社のマーケットにとって有利か、その地方や街のイメージは企業にふさわしいか、研究開発機関が近くにあるか、弁護士などの有資格者が豊富にいるかといったことも大切になってくるだろう。

表1　都市の立地条件(例)

ハードおよび基礎的条件	ソフト
政治的安定性・治安	文化・余暇・保養
必要な土地の面積	教育機関
地価	医療機関
資源エネルギー	消費財のバリエーション
交通インフラ	住人のメンタリティ
情報通信インフラ	街のイメージ
税制	景観
報酬額の水準	
企業のマーケットにとっての有利性	
研究開発機関が近くにあるか	
有資格の人材	
自然保護などエコロジー関連	

　これらはどちらかといえば企業の経営者の都合に合わせたような立地条件だが、従業員のことを視野に入れた立地条件も加わる。ドイツのライフスタイルは職住近接が基本である。従業員とは住人でもあるわけだ。したがって事業拠点に住宅が十分にあるか、ということに加え、「生活の質」も経営上の視野に入ってくるといえるわけだ。具体的には文化・余暇・保養といったものが揃い、教育機関や医療機関があるかということが挙げられる。さらには消費財のバリエーション、つまり生活必需品だけではなくショッピングを楽しめるような街かということも大切だろう。住人のメンタリティや街のイメージなども生活環境としては重要だ。ドイツは一般的に優秀な

人材ほどスポーツや文化の施設・組織が揃った生活環境を好み、子弟のための優れた教育環境を求める。そのため企業が優秀な人材を集めるには、より高い「生活の質」を有する都市に立地する必要が出てくるわけだ。行政が投資や企業誘致のためのパンフレットをつくるとき、必ずといっていいほど、その街の文化フェスティバルのことが大きな写真とともに紹介されていて、生活の質の高さをアピールしているのもそのためだろう。またドイツの州なり自治体が企業誘致の成功の理由を説明するときに「生活の質が高いことが奏功した」といった類の発言もよく聞かれるが、日本では企業誘致の発想が異なるため、発言そのものを理解するのが難しい。

近年、立地条件にはさまざまなものが登場する。環境保全、育児環境、家族環境、芸術、研究などといった具合である。家族環境などは、州や自治体の政策、企業誘致の分野で見られる。少子化傾向とそれに伴う連邦政府の家族政策と伴走しているようなところがあって、託児所や育児にまつわる社会的インフラの充実こそが、仕事と生活のバランスのためには必要というわけだ。

やや余談めくが、２００７年にバイエルン州立図書館と検索エンジンのグーグルが提携した。この契約は著作権切れの蔵書を世界中から閲覧可能にするもので、このとき州科学・研究・芸術大臣のトーマス・ゴッペル博士は、バイエルンが研究の「立地」としての魅力をアピールできるという旨の発言をしている。この発言もうっかり読み飛ばしてしまいそうなものだが、大変ドイツ的な発言だ。

立地条件整備の動機は、ドイツの都市の歴史、メンタリティが大きく影響しているが、もちろん、それだけでは弱い。経済的理由もある。それが営業税だ。営業税は法人の利益に対して課税されるもので、ドイツの市町村税の一つだ。税率を自治体の判断で変えることができるのが特徴だ。税率は企業誘致にも当然影響する。エアランゲンは数年前にある企業の誘致に成功したが、理由は隣接するニュルンベルクやフュルトよりも税率が低いことであった。ちなみにこの企業は文化などのスポンサーとなるケースも多い。企業誘致によって、文化へ流れる「カネ」が増えたということがいえる。

それから営業税は自治体の歳入に占める実際の割合も大きい。エアランゲンでも歳入の4割弱を営業税が占める。その性質上、景気変動に左右されやすいという点もあるが、自治体にとって企業誘致を行うことで、営業税収入の増加が可能になる。

こういった自治体の立地条件整備に対して企業側も働きかけることがある。たとえば、2007年にエアランゲン周辺のミッテルフランケン地方の商工会議所は、地方選挙に合わせて管轄内の企業約600社に立地条件のクオリティを採点するアンケート調査を行っている。内容は、自治体内の生活の質や交通、教育機関などのインフラをはじめ、許可申請のスピードや税制など企業に対する行政の「サービス」といったもので、自治体が企業に対してどういった経営環境を提供できているかが明らかになるわけだ。こういう調査は地方の政治家に対して企業の要望を伝えることになるし、政治家にとっては企業のニーズを知ることになる。この調査は1996年に初めて行われ、2002年、2004年にも実施されている。毎回、企業の自治体評価が良くなっているところを見ると、この調査は奏功しているといえるだろう。2007年の調査では、官僚主義を減らし、交通インフラ・教育機関のさらなる向上、地方の外向きのイメージ向上、そして市街の美化・整備を進めること、といった要望を掲げている。ちなみに自治体別では毎回エアランゲンが最高得点を獲得している。

◈産業クラスター政策

近年、経済政策の手法で「産業クラスター」というものがある。4章でも少し触れたが、簡単にいえば、ある地域の産業の要素を整理・集積・ネットワーク化することで新たな競争力をつけていこうという方法である。バイエルン州の場合、産官学の結びつきを強める方向で進めている。州の経済インフラ運輸技術大臣の公式発言などでは、州内の経済・金融分野と研究分野を密接につなげる政策であると位置づけている。既存の学術や産業の内発的な動きを活発化・支援するという姿勢だ。大学にとってもクラスターは大変意義のある政策だ。というのも、大学の実績を積み重ねることになるからだ。

面白いのは、州はクラスター政策を声高に叫んでいるが、4章でも述べたように、実は地域や自治体が、経済政策として行っているものが州の政策の枠組みに取り入れられていくというケースがある。エアランゲンも州の医療分野のクラスター地域の一つに数えられているが、前述のようにもともとはバライス市長が自らの市の経済政策として打ち出したものだった。ロマンチック街道の街として日本でもよく知られるヴュルツブルク（人口約13万人）もそうだ。同市も先端技術開発の一拠点で、やはりバイエルン州のクラスター地域とされている。市内にはバイオテクノロジー関係の施設があるが、同施設が建設された当時、新たなハイテク拠点をつくろうという独自の動きが、すでに市内にもあった。同市のマーケティング会社の経営者も兼任する同市経済部署のクラウス・ヴァルター氏によると、市独自にハイテク関係に力を入れていこうとしているうちに、州からいいタイミングで支援があったというのが実態。市にとって実利的には州からのサポートはありがたかったが、同氏の様子からは「俺たちは俺たちで、すでにあれこれやっていたんだぜ」というようなニュアンスが伝わってきた。

自治体と州は決して反目しあっているわけではないが、自治体は立地政策や経済政策を独自に行っており、市のスタッフの中には強い独立心のようなものが感じられる。ドイツの自治体をはじめあらゆる組織ではドイツ語で「セルブスト・フェルバルトゥング」（「自己管理」「自治」）という言葉がよく用いられるが、この言葉を地で行っている。連邦制の原理である支援の順位「補完性の原理」が成立するのも、自己管理（＝自治）がきちんと行われているためといえるが、市の当事者の話を聞くと、大げさにいえば、「州に支援させてやった」といわんばかりでもある。いずれにせよ、独自性を持った市に対して州がクラスターという枠組みを通して支援しているというのがバイエルン州の経済政策の構造だ。クラスター政策は上からのお仕着せであったり、エリアが広すぎると政策としては無理が生じやすいと考えられるが、その点、ドイツの自治体構造とその性質を考えると、クラスター政策の展開がしやすいといえるかもしれない。

◈多様な主体の活動が相乗効果を生む循環系

都市を鳥瞰図的に見る傾向が強いと繰り返して書いてきたが、もう一歩踏みこんでいえば、常に街を上空からスキャンしているようなところがある。6章で紹介した「科学の夜長」などは3都市の科学を浮き彫りにする役割を果たしているし、クラスター政策にしても地域内にあるものを明らかにして、有利で効果的な組み合わせをいかにつくっていくかという発想だ。もとよりドイツのみならず、欧州には社会を知識化していく力が強いように思えてならない。知識化とはどういうことかといえば、より多くの事実を収集し、そして本質的でないものを取り除く。その上でデータを秩序正しく整理することで一般的な真理に到達するという方法論である。たとえばフランスで生まれた、地域アイデンティティの確立・展開を行う手法に「エコミュージアム」というものがあるが、これはいわゆる博物館というかたちであるのではなく、地域内の風土や文化、生活様式などを顕在化し、何らかのかたちで提示していくというものだ。ドイツの場合は「スタンドート（立地）」という概念を軸に街という空間の知識化と秩序だてをしていくことがよく見られる。

それから取材や観察を通じて見えてくるのが、都市内の複数の循環系だ。わかりやすいのは、さまざまな実例を挙げた文化と企業の関係であろう。まず地元企業が文化のために経済的支援を行う。すると街の文化が充実する。文化の充実した街は住む人にとって魅力的だ。さらに優れた人材を街に呼びこめる。すると企業に優れた人材が働く。企業の収益が上がる。そして文化への支援もできる、といった具合だ。文化への投資がまわりにまわって企業収益にもつながるかのようである。この循環を肯定するような言葉も取材を通してよく聞かれた。たとえば「文化はケーキの表面に施す飾りではない、イースト菌なのだ」「文化は経済のエンジン」といったもので、ドイツの社会の中で文化がどのように位置づけられているかがうかがえる。もちろん実際に企業経営者や経済分野の人間が皆、文化へのまなざしを持っているわけでもない。しかし文化と企業の循環はドイツの都市のあり方に対する価値観や期待、歴史、それから現実的な法制度などがうまくつながることで生み出されている（図1）。この循環が社会の発展、街の発展の中で文化の役割を極だたせている。

文化と企業の循環系をもう少し拡大すると、行政とインフラに関する循環があり、その二つの

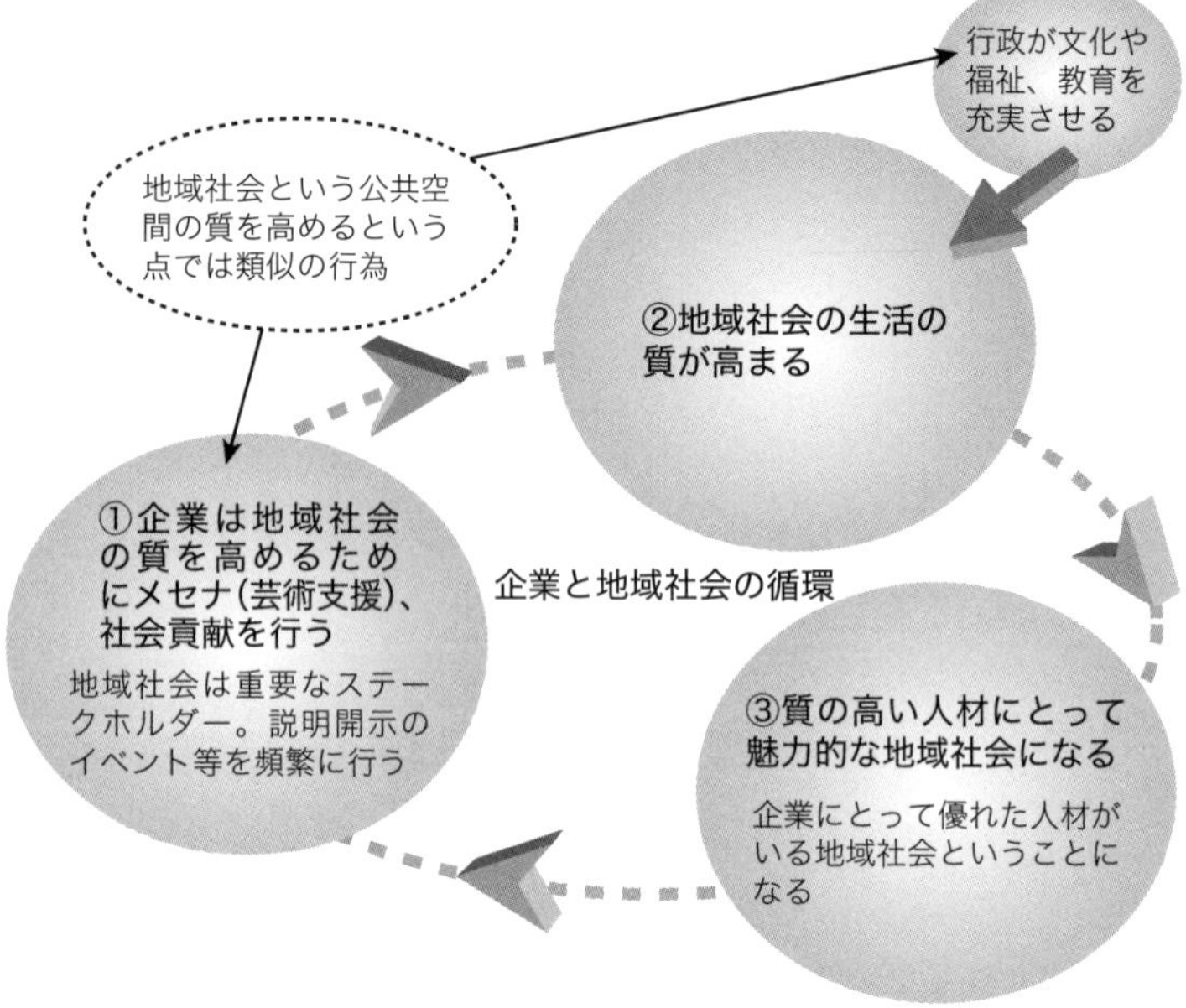
行政が文化や福祉、教育を充実させる
地域社会という公共空間の質を高めるという点では類似の行為
②地域社会の生活の質が高まる
①企業は地域社会の質を高めるためにメセナ(芸術支援)、社会貢献を行う
地域社会は重要なステークホルダー。説明開示のイベント等を頻繁に行う
企業と地域社会の循環
③質の高い人材にとって魅力的な地域社会になる
企業にとって優れた人材がいる地域社会ということになる

図1　ドイツに見る文化と企業の循環モデル

循環系が関わりあっているのもわかる（図2）。行政とインフラに関する循環とは次のようなものだ。まず、自治体が企業の誘致につながるインフラ整備を行うとしよう。その効果が出て企業が増えると、次に自治体の財源として大きな割合を占める営業税収入が増える。こういった自主財源が増えると、再びインフラ整備に投資することができる、という循環だ。この循環には前述したように職住近接で、企業の従業員も住民であるという事情がある。企業誘致のインフラには生活の質を高める環境も必要なのである。

この循環を支えている諸制度や原理ももちろんある。ドイツの自治体の文化政策がきっちりあるのは「文化は地方のものである」とする法制度があるためだ（文化高権）。さら

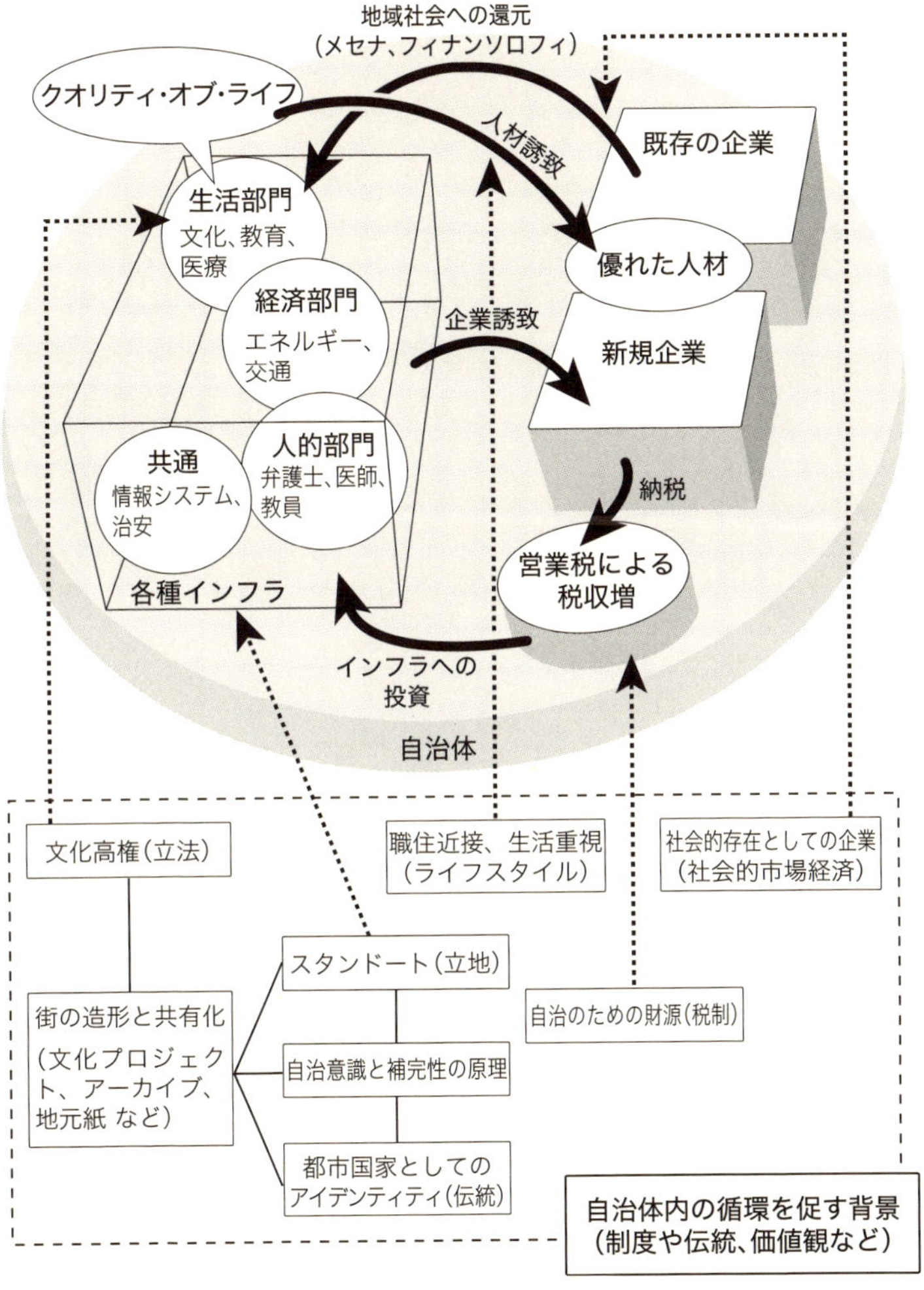

図2　自治体の循環モデルとその背景。街という器の中で循環系があるため、「街の維持力」の再生産が行われる

には連邦制の原理になっている「補完性の原理」もある。それから企業の経営姿勢には企業とは社会的存在であるという意識が高く、これが事業活動の拠点と強い結びつきを生み出しているように思える。またこうした傾向はドイツという国そのものが「社会的市場経済」という経済体制を打ち出していることとも無縁ではないだろう。人々のメンタリティを見ると、住んでいる街に対する強いアイデンティティがあり、人々の関心と活動は居住している街に収斂するようなところがある。

また歴史的には都市国家として発展してきた経緯があり、文化的にも政治的にも都市のアイデンティティを維持・発展させる仕組みがあった。具体的には都市の特徴を顕在化していく機能がたくさんあるということである。

どんな都市を創造していくかというビジョンや戦略は大変重要であるが、自治体の中の諸要素が結びつきあって循環系が常態としてあるかどうかということはより重要だ。都市の循環系とは都市の維持システムなのだ。そしてビジョンや戦略が都市の循環系にうまくのり、より良好の循環が起こったとき、都市は輝きを増して、新たな姿を現わすのではないか。

グローバリゼーションの時代であるからこそ、人々にとって「拠点」の重要性が大きくなっているが、それだけに地方都市における独自性と持続性は大切なものである。一流の地方都市とは、都市の中に循環系があり、その循環系のありようによって決まってくるといっても過言ではない。

〈参考文献〉

阿部謹也『物語 ドイツの歴史―ドイツ的とはなにか』中央公論社、１９９８年
小林丈広『近代日本と公衆衛生―都市社会史の試み』雄山閣出版、２００１年
Andreas Kost, Hans-Georg Wehling, *Kommunalpolitik in den deutschen Ländern*, westdeutscher verlag, 2003

おわりに

本書の執筆経緯と、感謝の意を込めてお世話になった方たちのことを書いておきたい。

グローバリゼーションはいろいろな問題や議論を生み出しているが、人々にかえって拠点地域の重要性を再認識させるところがある。拡大傾向にあるEUを見ていると、ことさらそんなことを実感する。そして国境を越えた地域間の「インターローカル」な関係性の追求が、グローバル化をまともにする一つの方向性であり、地域間で流通する「インターローカル・ジャーナリズム」はそのための有効な一手段に思えてくるのだ。

内容はセンセーショナルなものより常態に着目したものがいい。環境問題や文化、経済振興など、どこの街にも同じような課題があるが、それに対する他地域の具体的な取り組みを知ることは、「自分たちはどうしているか」あるいは「どうすべきか」を問うことになるからだ。こういう報道が盛んになると、「ローカルヒーロー・グローバルプレーヤー」のような人もたくさん出てくるのではないだろうか。

以上のような考えのもと、私は京都経済新聞社発行の新聞にエアランゲンのことを断続的に書き始め、最後は2002年から約3年、毎週執筆した。本書はこれが元になっている。同連載は一方通行とはいえ、エアランゲンから京都へという地域間の報道が実現したかたちで小気味がよかった。存分に記事を書かせて下さった社長兼編集長の築地達郎さんには感謝したい。ほかにも出版社・化学同人のサイトや経済情報紙「The Daily NNA ドイツ＆EU版」などに連載させていただいたものに手を加え、本書の一部になっていることを記しておく。

それにしてもエアランゲンの出来事を書くのは難しい。当然のことながら、独自の歴史、メンタリティ、文化、社会システムなどが背景にあるからだ。時には同じ言葉でも日独で文脈やイメージされるものが異なることもある。これらをどう盛り込み、表現すべきかは、いつも苦労する点だ。そんなことを配慮して拙稿への助言をして下さったのが学芸出版社の宮本裕美さんだ。

それから本書に登場するドイツの人々は、外国人ジャーナリストである私の取材をすんなり受け入れて下さったわけだが、特に市の広報のウテ・クリアー女史は市長インタビューのアレンジや執筆の最終段階でこまごまとした統計類を揃えて下さった。また、ここで記した以外にも直接・間接的に協力して下さった方たちがいる。お礼を申し上げたい。

最後に家族の応援があってこそ執筆できたことを書き添えておく。とりわけ妻のアンドレアは日常的に議論のパートナーでもあり、本書の原稿にも目を通してくれた。また私のお粗末なドイツ語を何かとカバーしてくれている。本当にありがとう。

高松 平藏

2008年4月　ドイツ・エアランゲンにて

高松平蔵（たかまつ・へいぞう）
ドイツ在住ジャーナリスト。1969年奈良県生まれ。会社勤務後に独立する。その後、京都経済新聞社を経てジャーナリストに。97年ごろからドイツ・エアランゲンと日本を行き来する。2002年から同市を拠点にして現在に至る。著書に『エコライフ　ドイツと日本どう違う』（化学同人、2003年　妻アンドレアとの共著）。
ウェブサイト　http://www.interlocal.org/

ドイツの地方都市はなぜ元気なのか
小さな街の輝くクオリティ

2008年 5 月30日　初版第1刷発行
2015年11月30日　初版第3刷発行

著　者………高松平蔵
発行者………前田裕資
発行所………株式会社 学芸出版社
京都市下京区木津屋橋通西洞院東入
電話 075－343－0811　〒600－8216
装　丁………上野かおる
印　刷………創栄図書印刷
製　本………山崎紙工

ISBN978－4－7615－1243－9